Liebe Leserinnen, liebe Leser!

Vielfalt – dieser Begriff ist in jeder Hinsicht treffend für die Schwäbische Alb. Einen ersten Überblick gibt die rund 200 Kilometer lange Schwäbische Albstraße, beginnend und endend in zwei Flügeln, in Tuttlingen beziehungsweise Trossingen und in Aalen beziehungsweise Nördlingen. Eine Silberdistel, die charakteristische Pflanze der Alb, weist den Weg durch tiefe Täler, traditionsreiche Städte und kleine Dörfer, über Flüsse und manche Höhe hinauf. Beeindruckend: der Pflanzenreichtum, wie ihn kein anderes deutsches Mittelgebirge aufzuweisen hat, und derart viele Höhlen im Untergrund wie sonst nirgendwo in Deutschland.

Mit den Staufern begann im 11. Jahrhundert ein wahrer Boom des Burgenbaus. Die starke territoriale Zersplitterung nach ihrem Untergang bescherte kunsthistorische Vielfalt. Auch die Städte spiegeln Geschichte, vor allem die Freien Reichsstädte, wie Schwäbisch Gmünd, Reutlingen oder Ulm, wo wohlhabende Bürger stolze Domizile bauten und einen Lebensstil wie der Adel pflegten. Traditionsfeste stehen immer noch hoch im Kurs, wozu die alemannische Fasnet, Ulms Schwörmontag und die Schwabenhocketse gehören, das gesellige Glas Wein oder Bier zu (möglichst) vielen Anlässen.

Die Texte von Anita Rolf und die rund 200 Bilder des Fotografen Kai Ulrich Müller führen vor Augen, was man in Deutschlands Südwesten alles bestaunen, genießen und erleben kann.

Ihr HB-Bildatlas-Team

Eine geschützte Idylle ist das tief eingeschnittene Tal der Oberen Donau zwischen Fridingen und Sigmaringen.

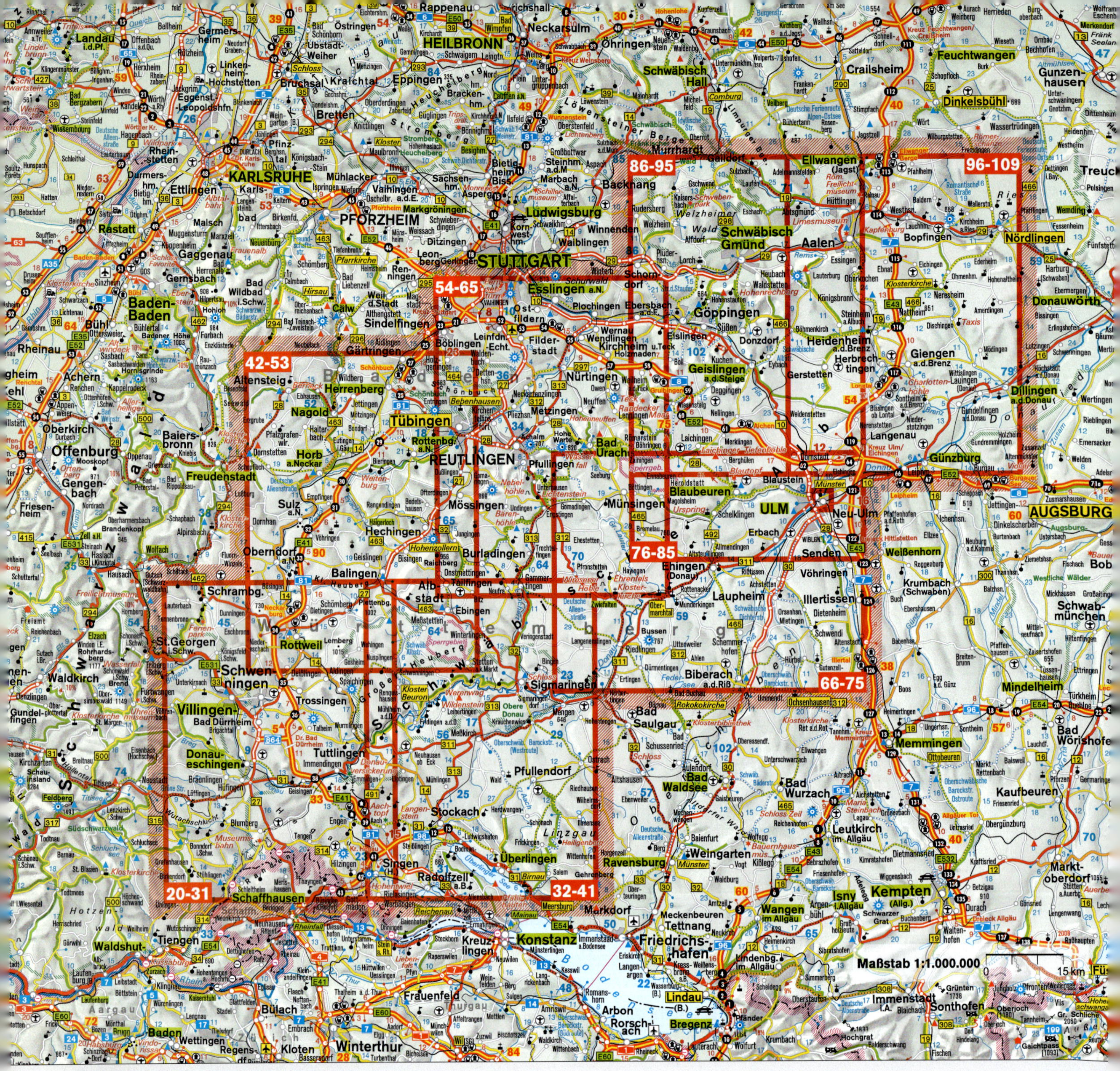

Schafe pflegen die Alblandschaft

Inhalt

Marktplatz von Aalen mit dem Alten Rathaus, in dem heute das Urweltmuseum untergebracht ist

Besuchen Sie uns im Internet:
www.hb-verlag.de

TOP ZIEL
BESONDERS SEHENSWERT

Burgen und Schlösser

Die Schwäbische Alb zählt zu den burgenreichsten Regionen Deutschlands. Viele Burgen sind nur noch stattliche Ruinen, andere wurden in späterer Zeit in Schlösser verwandelt. Das türmereiche Hohenzollernschloss auf steilem Donaufels prägt das Bild des traditionsreichen Residenzstädtchens Sigmaringen.

Pferdereichtum

Wer früher als Bewohner der kargen und wasserarmen Albhochfläche ein Pferd hatte, war reich: ›Rossbauern‹ konnten mit ihren Wagen Wasser aus den Tälern heraufholen und teuer verkaufen. Für das Haus Württemberg war der Besitz von Pferden auch Statussymbol, Stuttgart früher ein Stutengarten. Herzog Ludwig gründete 1537 das Haupt- und Landgestüt Marbach, zu dessen weitläufigen Koppeln sich hier die Herde auf den Weg macht.

Narrentreiben

Mit Sitzungen und Landschaftstreffen bildet der Dreikönigstag in katholischen Gegenden den Auftakt zur schwäbisch-alemannischen Fastnacht. Ab Sonntag treiben die Narren ihr Unwesen. Wie andere Figuren der Schömberger Fastnacht gibt es auch die hier abgebildeten Fransenkleidle in mehrfacher Ausführung.

Gottgefällig

Weltliche Herren leisteten sich prächtige Barockschlösser, die geistlichen bauten vor allem im Donauraum und hinten auf der Ostalb großzügige Klosteranlagen. Ihrem Gott zu Ehren und sich selbst zum Genuss errichteten sie üppig ausgestattete Kirchen wie hier die ab dem Jahr 1739 von dem Barockbaumeister Johann Michael Fischer errichtete Kirche des Klosters Zwiefalten.

Freies Land

Die Segelfliegerei hat auf der Alb seit langem Tradition. Die kahlen Kuppen und steilen Klippen der Alb, vor allem des Nordrands, sind ideale ›Sprungbretter‹, und fast jeder größere Ort besitzt einen Segelflugverein. Auch Motorflieger sind vielerorts willkommen, manche bieten Rundflüge an mit herrlichen Blicken über das freie Land.

Sakrale Kunst

Völlig flache Kirchendecken erscheinen gewölbt, leicht gewölbte wirken wie hohe Kuppeln – Barockmaler wie Januarius Zick und Franz Joseph Spiegler haben es in der Illusionsmalerei zu wahrer Meisterschaft gebracht. Von Zick stammt auch dieses Deckengemälde in der Kirche des ehemaligen Klosters Wiblingen: ›Kaiser Herakleios wird das Kreuz tragen‹.

Alles blüht

Nicht nur im Frühling – zu allen Jahreszeiten hat die Schwäbische Alb ihren ganz eigenen Reiz. Neidlingen, knapp fünf Kilometer südöstlich von Weilheim im obersten Lindachtal gelegen, umgeben von Steilhängen des Albtraufs, ist in ganz Württemberg auch als ›Kirschendorf‹ bekannt.

284

Land der weiten Horizonte

Kahl ist die Hochfläche der Baar im Westen der Alb mit der jungen Donau und deren Quellflüssen zu ihren Füßen. Kulturelle Vielfalt bezeugen die Orte in den Tälern. Die Spannbreite reicht von Donaueschingen mit seiner fürstlichen Vergangenheit über die frühen Industriestädte Schwenningen und Trossingen bis Spaichingen, wo Sport großgeschrieben wird, vor allem von den Drachen- und Segelfliegern auf dem Dreifaltigkeitsberg. Wanderer finden am Weg ein interessantes Naturphänomen: die Donauversickerung bei Immendingen.

Das Schloss der Fürsten von Fürstenberg bildet die Kulisse des alljährlichen internationalen Reit- und Fahrturniers von Donaueschingen.

▲ *Donaueschingen: Rondell mit der Donauquelle im Schlosspark, ...*

▼ *... Festsaal des Schlosses im Rokokoschmuck*

▲ *Holbeins ›Judaskuss‹*

▲ Brunnen vor Donaueschingens Rathaus

▼ Sommerliche Rosenpracht im Schlosspark

Wo Breg und Brigach den Schwarzwald verlassen und die Höhen der Schwäbischen Alb in den Blick geraten, liegt die kahle Hochfläche der Baar. Die eigenartige Schönheit dieser baumlosen Ebene erschließt sich nicht auf den ersten Blick. Die Flusstäler säumen Orte mit gewachsener Geschichte.

Die fürstliche Donauquelle

In eleganten Kurven ziehen sich die Straßen um die Hügel herum: Der Zauber der alten Residenzstadt Donaueschingen lässt sich vielleicht am besten an einem ruhigen Sommersonntag erspüren. Attraktion ist die Donauquelle im Schlosshof, eingefasst von einem hübschen Rondell mit der ›Mutter Baar‹, die das ›junge Mädchen Donau‹ auf den rund 2850 Kilometer langen Weg nach Osten schickt. Doch ist dies wirklich die Donauquelle? Eher handelt es sich wohl um einen Zufluss der Brigach, die sich etwa 1,5 Kilometer östlich des Schlosses mit der Breg zur Donau vereinigt. Diese beiden Quellflüsse entspringen im Schwarzwald. Und dort, nämlich am Feldberg, hatte der Strom zur Eiszeit auch seinen Anfang genommen.

Donaueschingen hippologisch

Eine Stecknadel könnte man fallen hören. So still ist es auf den Rängen, wenn im September vor der Kulisse des Fürstenberger Schlosses die Dressurreiter ihre hohe Kunst zum Besten geben und die Pferde in der Passage über dem Boden schweben, in der Piaffe mit höchster Konzentration auf der Stelle traben, sich bei der Pirouette im Galopp um die Hinterhand drehen. Plötzlich unterbricht tosender Beifall die Stille: Die Zuschauer, die sich jedes Jahr von neuem von der Harmonie zwischen Pferd und Reiter hinreißen lassen, feiern den Grand-Prix-Sieger.

Begehrter Wanderpokal unter der Springreiterelite ist der Prinz-Kari-Gedächtnispreis. Er erinnert an die lange Tradition des Donaueschinger Turniers, das Prinz Max Egon im Jahr 1965 zum Gedenken an seinen verunglückten Sohn Kari ins Leben gerufen hat.

Auch das ist interessant: In den 1950er-Jahren kamen im Basaltbruch Höwenegg bei Immendingen mehrere vollständig er-

▲ Das Mühletor in Bräunlingen

▼ Muslenplatz in Schwenningen

▼ Franziskanermuseum Villingen: Antependium mit Marienkrönung (1485)

▼ Brunnen beim Münster in Villingen

▲ Fronleichnam in Hüfingen: Der Priester … ▼ … schreitet über einen Blütenteppich

haltene Hipparion-Skelette zutage, dreizehige Urpferde, die vor etwa zehn Millionen Jahren dort geweidet haben. Der Prinz von Fürstenberg hat die Ausgrabungen großzügig gefördert. Zu sehen sind sie in den Fürstenbergischen Sammlungen im Karlsbau nördlich oberhalb des Schlosses.

SPECIAL

Größte Uhrenstadt der Welt

Uhren, nichts als Uhren – und Maschinen. Da wird gestanzt, gebohrt, gedreht und schließlich montiert. Auf diese Weise entsteht ein recht altertümlicher Wecker, der jeden erbarmungslos aus dem Schlaf reißt. Dieser ›Museumswecker‹, den man als Souvenir erwerben kann, war eines der hier gefertigten Massenprodukte, die den guten Ruf der ältesten Uhrenfabrik Württembergs begründeten und Schwenningen den Beinamen ›größte Uhrenstadt der Welt‹ eintrugen. Heute, da es der deutschen Uhrenindustrie nicht mehr so gut geht, ist aus der Fabrik das Uhrenindustrie-Museum geworden mit Zeitmessern aus 100 Jahren.

Ein paar Schritte weiter, in dem Uhren- und Heimatmuseum, ist eine Sammlung der Firma Kienzle zu sehen sowie eine Fülle unterschiedlichster Schwarzwälder Uhren, mit und ohne Kuckuck, einfache kleine Häuschen und solche mit aufwändigen Verzierungen.

Blütenpracht für einen Tag

Ein Souvenir ganz besonderer Art brachte der Hüfinger Bildhauer Franz Xaver Reich von einer Italienreise um die Mitte des 19. Jahrhunderts mit nach Hause: die Verehrung des allerheiligsten Altarsakraments an Fronleichnam durch großangelegte Blumenteppiche.

Blumen auf den Prozessionsweg zu streuen und Altäre an den Straßen mit Blumen zu schmücken, ist auch in anderen deutschen Gemeinden üblich. Doch die Hüfinger machen ihren ›Herrgottstag‹ zu einem wahren Blütenfest. Jedes Jahr werden Millionen zarter Blüten gesammelt, von ihren Stängeln gestreift und zu schon Wochen zuvor entworfenen Mustern und immer neuen Bildern zusammengefügt, zu einer Abendmahlsdarstellung, einem biblischen Gleichnis – die Personen mit festen Konturen und feinen Gesichtern.

▲ Bei Immendingen versinkt die Donau

▼ Immendingens Rathaus

▼ Geisingen: Brunnen aus der früheren Gießerei in Bachzimmern

▲ Jugendstildekor an der Stadtkirche von Tuttlingen

▼ Streuobstwiese bei Geisingen

Was für ein festliches Bild: das junge Grün der Birken entlang des Prozessionsweges, die geschmückten Hausfassaden und die kunstvolle Blütenpracht der aneinander gereihten Teppiche, über die der Priester mit dem Allerheiligsten zu den vier Altären schreitet. Welcher Prunk für einen einzigen Tag! Dann wird die Straße wieder für den Verkehr freigegeben ...

SPECIAL

Mythos Mundharmonika

Von Trossingen in die Welt: Sie ist nicht nur bei Straßenmusikanten, Kindern, Wandervögeln und Soldaten beliebt, auch Kaiser Franz Joseph und Kaiser Wilhelm II., US-Präsidenten und Udo Jürgens haben darauf gespielt. Gemeint ist das ›Bläsle‹, die Mundharmonika, die der Berliner Christian Buschmann erfand und der der Trossinger Uhrmacher Matthias Hohner eine Karriere sondergleichen bereitete. 20 Millionen Stück wurden vor dem Zweiten Weltkrieg davon verkauft, mehr als 90 Prozent in den USA, wo die ›pocket pianos‹ für ein paar Cents zu haben waren.

Inzwischen sind sie zu einem Mythos geworden, elektronische Klänge haben die ›Harfentöne‹ überholt. Über das heillos verschuldete Hohner-Imperium gebietet die K.H.S. Musical Instruments Co. in Taiwan. Kulturgeschichtlich reizvoll sind die bunten Abbildungen auf den Kästchen, zu sehen im Harmonika-Museum.

Villingen – doppelt beschützt

Gegen Feinde wehrten sich die Villinger mit Graben und doppeltem Mauergürtel, von dessen einst vier Toren noch immer drei erhalten sind. Nicht nur vor Krieg, auch vor Seuchen bewahren sollte die Bürger ein Kreuz, das der fromme Bauer Andreas Naegelin um das Jahr 1300 gefunden hatte. An das einstige ›Wunderding‹ erinnert der einige Jahrzehnte später entstandene Naegelin-Kruzifixus, dem man einst neben dem Bickentor extra eine eigene Kapelle gebaut hatte. Heute befindet sich das geschichtsträchtige Kreuz in dem – in der Romanik begonnenen und nach dem Stadtbrand im Jahr 1271 gotisch erneuerten – Liebfrauenmünster, dem wichtigsten Bauwerk der Stadt.

▲ Spaichingen: Wallfahrtskirche auf dem Dreifaltigkeitsberg ... ▼ ... mit Rokokoaltar

▲ Heimatmuseum: Hohner stellte früher Uhren her

▲ Das Naturschutzgebiet Dürbheimer Moos (rund 64,5 Hektar) ist auch ein Paradies für Vogelfreunde

▲ Abguss des bei Trossingen gefundenen Dinosauriers

▼ Klippeneck, Dorado der Segelflieger

Junger Fluss im Untergrund

Bewaldete Hänge flankieren das Tal der jungen Donau. Wo es sich weitet, liegen die Orte Immendingen und Möhringen. Fernab der Straße führt ein Wanderweg am Fluss entlang, der hier bedächtig eine große Schlinge zieht. Doch an etwa 270 Tagen im Jahr wird der erstaunte Wanderer statt metertiefen Wassers ein trockenes Flussbett vorfinden oder höchstens einige Rinnsale, deren Wasser nach und nach gurgelnd im Untergrund verschwindet.

Die Donau ist in den immer größer werdenden Schlicklöchern des Kalkgesteins versunken. Man schätzt, dass das unterirdische Labyrinth inzwischen 50 Millionen Kubikmeter Wasser fassen kann. In 60 Stunden bahnt sich das Donauwasser unterirdisch einen Weg zu der zwölf Kilometer entfernten, 180 Meter tiefer gelegenen Aachquelle – ein Naturphänomen.

Wie schrieb doch vor einigen Jahren ein badischer Journalist: ›Die Donau ist 50 Kilometer lang, heißt meistenteils Aach und fließt bei Radolfzell in den Bodensee.‹ Damit bildet Donauwasser einen Nebenfluss des Rheins. Doch nur teilweise: Seitenbäche füllen ihr Bett wieder auf, sodass die Donau Europas zweitlängster Strom werden kann.

Auf den Dreifaltigkeitsberg

In atemberaubenden Spitzkehren geht es von Spaichingen steil aufwärts zum Gipfel des 985 Meter hohen Dreifaltigkeitsbergs. Unten hat sich die Bära tief eingeschnitten und den mächtigen Weißjurafels isoliert.

Schon um das Jahr 1400 setzte die Wallfahrt auf den heiligen Berg ein. Aus dem anfänglichen Steinkirchlein ist inzwischen ein stattliches Gotteshaus geworden, in dem zahlreiche Votivtafeln mit Bitten und Danksagungen die ungebrochene Anziehungskraft der Stätte belegen.

Auch mancher Drachenflieger wird hier schon sein Dankgebet gesprochen haben, ist der Berg doch zu einem beliebten Treffpunkt der Windgleiter geworden. Selbst ohne luftige Ambitionen lohnt der Aufstieg. Denn bei klarer Sicht ist der Blick grandios: Er reicht bis zu den Schwarzwaldhöhen, den Vulkankegeln des Hegau, ja sogar bis zu den Kämmen der Alpen.

52
SCHRAMBERG
Lauterbach
Tennenbronn
Sulgen
Dunningen
Eschbronn
Hardt
Bösingen
Epfendorf
Villingendorf
Dietingen
ROTTWEIL
SCHÖMBERG
Dotternhausen
Dormettingen
Dautmergen
Deilingen
Wehingen
Gosheim
Denkingen
Wellendingen
Zimmern ob Rottweil
Königsfeld im Schwarzwald
SANKT GEORGEN im Schwarzwald
Deutsche Uhrenstraße
Niedereschach
Mönchweiler
Dauchingen
Deißlingen
Aldingen
Unterkirnach
Vöhrenbach
VILLINGEN-
SCHWENNINGEN
TROSSINGEN
SPAICHINGEN
Tuningen
BAD DÜRRHEIM
Brigachtal
Seitingen-Oberflacht
Rietheim-Weilheim
Wurmlingen
TUTTLINGEN
DONAUESCHINGEN
BRÄUNLINGEN
HÜFINGEN
Immendingen
GEISINGEN
LÖFFINGEN
BLUMBERG
ENGEN
TENGEN
BONNDORF im Schwarzwald
Hilzingen
Mühlhausen-Ehingen
Volkertshausen
Thayngen
Gottmadingen
Rielasingen
Schaffhausen
Schwäbische Albstraße
Grüne Straße
Maßstab 1:200.000
40

Infos

Villingen-Schwenningen 1

Villingen und Schwenningen wurden 1972 zur Doppelstadt (660–975 m, 82 000 Einw.).

Sehenswert: In Villingen ummauerte **Altstadt** mit Wehr- und Tortürmen, **Liebfrauenmünster** (ab 12. Jh.), **Altes Rathaus** (ab 1306), ehem. **Benediktiner-, Dominikaner- u. Franziskanerkloster, Glunkenhaus** (Ende 13.–18. Jh.); in Schwenningen **Muslenplatz** mit Fachwerkhäusern und Stadtbibliothek; bäuerliche Siedlung ›**Ob dem Brückle**‹.

Museen: In Villingen **Franziskanermuseum**, u. a. Gräberfunde vom Magdalenenberg (Di. bis Sa. 13.00–17.00, So./Fei. 11.00–17.00 Uhr); in Schwenningen **Uhren- und Heimatmuseum**, Kronenstr. 16 (Di.–So. 10.00 bis 12.00 u. 14.00–18.00 Uhr), **Uhrenindustriemuseum**, Bürkstraße 39 (Di.–So. 10.–12.00 u. 14.00–18.00 Uhr), **Bauernmuseum Mühlhausen** (April–Okt. So. 14.00–17.00 Uhr); **Int. Luftfahrtmuseum** (tgl. 9.00–19.00 Uhr), Flugplatz.

Aktivitäten: Frei- u. Hallenbad, Kneipp-Bad, Familienpark für Sport und Spiel mit Streichelzoo und Märchenwald.

Veranstaltung: Int. Jazz-Festival (Juli).

ⓘ Tourist-Info, Niedere Str. 88, 78050 Villingen-Schwenningen, Tel. 07721/82 23 40, Fax 82 23 47, tourist-info@villingen-schwenningen.de, www.villingen-schwenningen.de.

Bad Dürrheim 2

TOP ZIEL Die 1822 entdeckten Salzquellen machten den Ort (700–850 m, 12700 Einw.) zum Solebad, dem höchstgelegenen Europas.

Sehenswert: Rathaus, zwei Bauten in klassizistischem Stil (1824), altes **Salzlagerhaus**, jetzt Haus des Gastes, altes **Salzsiederhaus**, jetzt Haus des Bürgers, **Salzbohrtürme**, **Salinenpark** und **Kuranlagen**.

Museum: Narrenschopf im einstigen Salzspeicher (Di.–Sa. 14.00–17.00, So./Fei. 10.00 bis 17.30 Uhr).

Aktivitäten: Wellness u. Gesundheitszentrum Solemar, Bootfahren, Tennis, Wandern.

ⓘ Kur- und Bäder GmbH, Luisenstr. 4, 78073 Bad Dürrheim, Tel. 07726/66 62 95, www.badduerrheim.de.

Donaueschingen 3

Baar-Stadt (680–820 m, 21000 Einw.) am Zusammenfluss von Breg und Brigach.

Sehenswert: Schloss der Fürsten von Fürstenberg (1723/1893; Besichtigung nach Vereinb., Tel. 0771/85 72 21 oder 8 65 63) mit ›Donauquelle‹, Park und Rosengarten, Kirche **St. Johann** (1724–1747) in böhmischem Barock, **Hofbibliothek** (1735) und **Archiv** (1763) in der Haldenstraße, **Bürgerhäuser** in der Karlstraße, **Rathaus** (1910 bis 1911) am Rathausplatz.

Museen: Fürstl. Fürstenbergische Sammlungen im Karlsbau mit Gemälden Alter Meister (15./16. Jh.), Karlsplatz 7 (Di.–Sa. 10.00 bis 13.00 u. 14.00–17.00, So./Fei. 10.00–17.00 Uhr). An den Heimatdichter (1902–1981) erinnert das **Max-Rieple-Haus**, Max-Egon-Str. 2 (Mi. 15.00–17.00 Uhr).

Aktivitäten: Freibad, Surfen, Segelfliegen, Kanufahren, Golf.

Veranstaltungen: CHI Intern. Reit- und Fahrturnier (Sept.); **Donaueschinger Musiktage** für zeitgenössische Tonkunst (Okt.).

ⓘ Tourismus- und Sportamt, Karlstr. 58, 78166 Donaueschingen, Tel. 0771/85 72 21, Fax 60 09 22, www.donaueschingen.de.

Hüfingen 4

Idyllischer Ort (684–917 m, 7000 Einw.) an der Breg.

Sehenswert: Im alten Kern **Oberes Schloss** (1523/1712), heute fürstlich-fürstenbergisches Altenpflegeheim, **Rathaus** (Altbau 1740, Neubau 1992), **Stadtkirche** (12./18. Jh.); in der Hinterstadt **Stadtmühle** (1523), Zehntscheuer, Sennhof; außerhalb der Altstadt **römische Badruine** (70 n. Chr.), **Leonhardskapelle** (1476), umzogen von einer Hufeisenkette (bäuerlicher Leonhardkult).

Museen: Stadtmuseum für Kunst und Geschichte in der ehemaligen fürstlichen Amtskanzlei, Nikolausgässle (So. 14.00–17.00 Uhr); **Römerbadruine**, Schosenweg (So. 14.00–17.00 Uhr, Sommerferien tgl.).

Aktivitäten: Hallenbad, Tennis, Angeln, Segeln, Surfen, Bootfahren, Drachenfliegen, Kräuterlehrpfad.

Veranstaltungen: Fronleichnam (Blumenteppiche); **Int. Keramikwoche** (Sept.).

ⓘ Informations- und Kulturamt, Hauptstr. 16–18, 78183 Hüfingen, Tel. 0771/60 09 24, www.huefingen.de.

Möhringen 5

900-jähriger Ort (650–880 m), jetzt Stadtteil Tuttlingens, mit malerischem Ortskern.

Museen: Im **Rathaus** Möhringen Fasnet-Gestalten u. a.m. (Mo.–Fr. 8.00–11.00 u. 14.00 bos 16.00, Do. bis 17.30 Uhr). Im **Heimatmuseum** von Immendingen Fossilienfunde aus dem Höwenegg-Steinbruch (nach Vereinb. mit dem Verkehrsamt Tel. 07462/ 2 42 28).

Aktivitäten: Frei- u. Thermalbad, Angeln, Reiten, Segelfliegen, Tennis, Skateranlage im Donaupark, Lifte u. 50 km Loipen.

Umgebung: Immendingens (5 km südl.) Schloss (um 1600) ist heute Rathaus; südlich liegen die **Donauversickerungsstellen.**

ⓘ Tourist-Info, Rathaus, Hermann-Leiber-Str. 4, 78532 Tuttlingen-Möhringen, Tel. 07462/ 94 82 20, Fax 75 72, www.luftkurort-moehringen.de.

Tuttlingen 6

Die Stadt (645 m, 34 500 Einw.) ist heute ein wichtiger Wirtschaftsstandort: Medizintechnik, Feinmechanik, Elektronik, Optik.

Sehenswert: Jugendstildekor (1903) der **Stadtkirche** (1815–17), Rathaus (19. Jh.), auf dem **Marktplatz** moderner Brunnen und Bronzeplastiken; **Burgruine Honberg**.

Museen: Das **Heimatmuseum** ist eines der reichsten seiner Art, Donaustr. 50 (Di, Do., Sa., So. 14.00–17.00 Uhr).

Aktivitäten: Frei- u. Thermalbad, Angeln, Reiten, Segelfliegen, Tennis, Skateranlage im Donaupark, Lifte u. 50 km Loipen.

Veranstaltung: Tuttlinger Honbergsommer mit Pop, Jazz, Blues, Comedy u. Varieté (Juli).

ⓘ Tourist-Info, Rathausstr. 1, 78532 Tuttlingen, Tel. 07461/ 9 93 40, Fax 9 93 34, touristik@tuttlingen.de, www.tuttlingen.de.

Spaichingen 7

Die Stadt (650 m, 12 100 Einw.) liegt zu Füßen des Dreifaltigkeitsbergs (983 m) mit seiner Wallfahrtskirche (1660–1669).

Museum: Gewerbemuseum, Bahnhofstraße (So. 14.00–17.00 Uhr).

Aktivitäten: Freibad, Tennis, Drachenfliegen; Segelflugplatz Klippeneck (8 km nördl.); im Winter Lifte und Loipen.

ⓘ Stadtverwaltung, Marktplatz 19, 78549 Spaichingen, Tel. 07424/9 57 11 11, www.spaichingen.de.

Trossingen 8

Die Musikkultur der Stadt (700 m, 14 600 Einw.), Staatl. Hochschule für Musik, hat die Instrumenten-Fabrik Hohner begründet.

Sehenswert: Martin-Luther-Kirche (1742 bis 1746), **Jugendstil-Rathaus, Stadtgarten, Ernst-Hohner-Konzerthaus** (1960).

Museen: Heimatmuseum, Marktplatz (April bis Dez. So. 14.00 bis17.00 Uhr); **Harmonika-Museum** nebenan (April–Nov. Di.–Fr. u. So. 13.30–17.00 Uhr); **Eisenbahnmuseum** (1. So. im Monat 14.00–17.00 Uhr)

Aktivitäten: Baden, Tennis, Reiten.

Veranstaltungen: Theater, Konzerte.

ⓘ Tourist-Info, Hohnerstr. 23, 78647 Trossingen, Tel. 07425/32 68 83, www.trossingen.de.

Zwischen Felsen und Wäldern

Beeindruckend ist das Tal der Oberen Donau: Bis in 200 Meter Höhe türmen sich die Felsen, stellenweise treten sie fast bis an die Ufer heran. Auf den Höhen thronen zahllose Burgen und Ruinen. In einer Flussschleife liegt das reformfreudige Kloster Beuron, auf einer Hochfläche Kreenheinstetten, Heimat des wortgewaltigen Mönchs Abraham a Sancta Clara. Vom Leben der Älbler zeugt das Freilichtmuseum in Neuhausen ob Eck, vom fürstlichen Lebensstil das Schloss des Hauses Hohenzollern-Sigmaringen.

Weißgrau schimmern die Felsspitzen und steilen Riffe aus dem dunklen Grün der Wälder an der Oberen Donau: hier der Stiegelesfels beim Klosterort Beuron.

▲ Mühlheim an der Donau: Malerisch wie die ganze Altstadt ist das gotische Fachwerk-Rathaus

▼ ›Beuroner Kunststil‹: das Altarblatt vom Beuroner Hochaltar

▼ Aus der Burg Werenwag wurde ein wohnliches Schloss

▲ Bis Beuron schweift der Blick vom Knopfmacherfels durchs Donautal ▼ Beuroner Klosterkirche

Bei Geisingen verlässt die Donau die Baar und tritt in die Schwäbische Alb ein. Der immer noch schmale Fluss schlängelt sich windungsreich durch das Tal. Man sieht ihm nicht an, dass er in früheren geologischen Zeiten die ungeheure Kraft besaß, um die dicken Kalkschichten der Alb zu durchbrechen und sich tief in das Gestein einzugraben. Dieser Prozess dauert an.

Als eine Besonderheit gilt auch die Irndorfer Hardt. Dieses 103 Hektar große Naturschutzgebiet in bald 900 Meter Höhe hat die Form einer Mulde. Da ihr der Abfluss fehlt, bildet sich darin sehr häufig ein Kältesee. In ihm haben sich viele in der Eiszeit eingewanderte Pflanzen erhalten, die sonst nur 1000 Meter höher im Gebirge zu finden sind.

Reformfreudig: Kloster Beuron

Wo sich das Donautal in einer großen Schleife weitet, grüßt würdevoll Kloster Beuron. Attraktiv nicht nur wegen der Lage, sondern auch wegen der Spiritualität der seit 1863 wieder hier lebenden Benediktinermönche. Im ausgehenden 19. Jahrhundert hatten sie weltweiten Ruf erlangt: einerseits durch ihre Bemühungen um eine Liturgiereform, andererseits durch zahlreiche Klostergründungen, was die Ernennung zur Erzabtei 1887 nach sich zog.

Auch um eine neue christliche Kunst bemühte man sich, mit einfachen Mitteln und symbolhafter Abstraktion. 1872 wurde die barocke Klosterkirche innen entsprechend schlicht überformt. Das meiste davon hat die Restaurierung von 1947 wieder rückgängig gemacht. In der Mauruskapelle und im Hochaltarblatt aber hat der ›Beuroner Kunststil‹ augenfällig überlebt.

Und auf den Gipfeln Burgen

Die Burgen auf den Felsgipfeln, die sich von unten wie Spielzeughäuschen ausnehmen, verlocken zum Aufstieg. Zum Beispiel das verträumte Schloss Bronnen, das einem Adlernest gleich auf steilem Fels thront, oder das nicht weniger kühn gelegene Schloss Werenwag, das dem Haus Fürstenberg gehört.

Einige Höhenmeter sind dazu allerdings schon zu überwinden. Doch alle Anstrengung belohnt schließlich der großartige

▲ *Im Freilichtmuseum Neuhausen ob Eck*

▲ *Spätgotisches Fachwerk-Rathaus in Veringenstadt*

▲ *Inzigkofener Höhlen*

▼ *Meßkirchs Stadtpfarrkirche St. Martin*

▲ Fest im Freilichtmuseum Neuhausen ob Eck ▼ Markt im fachwerkschönen Mengen

Blick ins Tal auf das schimmernde Band des Flusses und über die Bergwelt. Fast wie die alten Rittersleut' mag man sich in Burg Wildenstein fühlen, die jetzt als Jugendherberge eingerichtet ist.

Kleines Dorf mit großem Sohn

Auf einer Hochfläche liegt das Bauerndorf Kreenheinstetten. In einer dürftigen Kammer des Gasthofs ›Traube‹ wurde im Jahr 1644 Hans Ulrich Megerle geboren. In der Schule registrierte man, dass der ›Rumpf seines Leibes mit einem ganz besonderen Kopf versehen‹ war. So verlief sein Lebensweg konsequent aufwärts. Als Mönch der Augustiner-Barfüßer in Wien nahm er den Namen Abraham a Sancta Clara an, avancierte zum kaiserlichen Hofprediger und las Adel und Volk die Leviten: ›Der Mensch ist aus Erde und Lehm zusammengepappt, zusammengewalkt, zusammengedalkt, daher ein zerbrechliches Geschirr, und wenn's scheppert, fort damit, lass sterben diesen Madensack, diesen Mistfinken, dieses Wurmnest, dieses Leimhaus, diesen Knollfinken ...‹. Berühmte Dichter bewunderten die ›Tollheit‹ und ›Geschmeidigkeit‹ (Schiller) seiner Sprache.

Natur ins rechte Licht gesetzt

Felsen können eine hervorragende Theaterkulisse bilden. Ins rechte Licht gesetzt, mit entsprechenden Klängen oder Geräuschen untermalt, verbreiten sie romantische, märchenhafte Stimmung oder Melancholie und Düsternis. Auch sind nur wenige Veränderungen nötig, um die Illusion einer Burg, eines Schlosses oder eines Fachwerkhauses entstehen zu lassen. In Fridingen an der Donau gibt es eine solche Naturbühne. Im Sommer werden nachmittags Stücke für Kinder gespielt, abends Schauspiele wie Ödön von Horvaths ›Geschichten aus dem Wienerwald‹ oder ›Hexenjagd‹ von Arthur Miller, deren Thematik keineswegs verblasst ist.

Wie die Älbler einst lebten

Gäbe es nicht die umherstreifenden Besucher, man könnte meinen, sich nahe Neuhausen ob Eck in einem großen Bauerndorf zu befinden statt in einem Freilichtmuseum. Stattliche Bauernhäuser in kunstvollem Fachwerk, einfache Taglöh-

▲ *Im Schloss der Fürsten von Hohenzollern-Sigmaringen ...* ▼ *... dient die Portugiesische Galerie – mit flämischen Gobelins – als Festsaal*

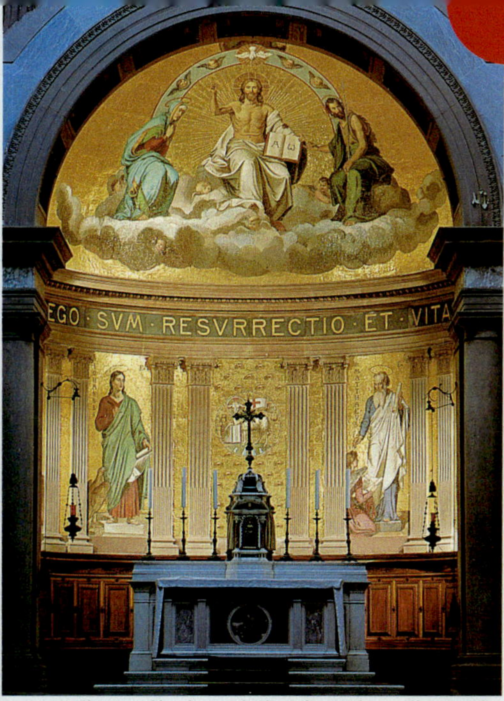

▲ Hedingen: Chorkuppel über der Hohenzollerngruft

▲ Sigmaringens Fürst-Wilhelm-Straße

▼ Gobelin: Das ›Bad der Batseba‹

nerhäuschen, Schul- und Rathaus, Schmiede und Hafnerei, alle mit originalgetreuer Einrichtung, sind hier um den Dorfplatz herum versammelt. Auch die Kirche steht in diesem Dorf, und es fehlen weder der Brunnen noch die Wirtschaft. In den Ställen sieht man die Tiere, Hühner picken im Freien nach Körnern. Zuweilen wird hier richtig gearbeitet: Schafe geschoren, Korn gemahlen, Ziegenkäse hergestellt, Seile geflochten und gedreht. Im Oktober feiert man die Kirbe, das ›große Sauf-, Fress- und Buhlfest‹ mit ›mannigfachen Lustbarkeiten‹ früherer Zeiten.

SPECIAL

Ein Fenster in die Urzeit

Unendlich weit zurück reicht der Blick beim Stettener Ortsteil Nusplingen. Meereswürmer, Ammoniten, Tintenfische, Krebse und zahlreiche Fische sind hier als Versteinerungen (Fossilien) in die Plattenkalke eingebettet.
Vor etwa 140 Millionen Jahren ist diese oberste Schichtstufe des Weißjura als Ablagerung des Jurameers entstanden. Die Grabungen der Wissenschaftler des Naturkundemuseums Stuttgart fördern ständig neue Fossilienfunde zutage, auch Insekten und Pflanzenreste aus damals bereits trockengefallenen Festlandsbereichen. Die Behörde des Naturparks Obere Donau veranstaltet Exkursionen zu den Grabungsorten.

Sigmaringens Marstallmuseum

Als die Schuhe höchst fein und zum Laufen viel zu unbequem waren, ließen sich die adligen Damen von ihren Bediensteten in Sänften tragen. Immerhin wurden für die Korpulenten Räder unter den Gestellen angebracht. Die Prinzessinnen besaßen außerdem einspännige *Dog-carts*, die sie gern selbst steuerten.

Zum Fuhrpark der Fürstenfamilien gehörten außerdem noch prächtige geschlossene Kutschen und offene Landauer, Jagdschlitten sowie große Reisewagen und mindestens ein Galawagen. Im Sigmaringer Marstallmuseum ist zum Beispiel der große Galawagen aus dem 19. Jahrhundert zu sehen, den einst Fürst Karl Anton in Berlin benutzte, als er preußischer Ministerpräsident war.

Maßstab 1:200.000
0
3 km
52
64
74
30
ALB-STADT
MESS-STETTEN
GAMMERTINGEN
HETTINGEN
VERINGENSTADT
Winterlingen
Bitz
Straßberg
Nusplingen
Naturpark
Obere Donau
Großer Heuberg
Stetten am kalten Markt
Schwenningen
SIGMARINGEN
Bingen
SCHEER
Sigmaringendorf
MENGEN
Hohentengen
Inzigkofen
Krauchenwies
Beuron
MÜHLHEIM an der Donau
FRIDINGEN an der Donau
TUTTLINGEN
Leibertingen
MESSKIRCH
Neuhausen ob Eck
Sauldorf
Wald
PFULLENDORF
Ostrach
Emmingen-Liptingen
Mühlingen
STOCKACH
Hohenfels
Herdwangen-Schönach
Eigeltingen
AACH
Volkertshausen
Orsingen-Nenzingen
Ludwigshafen
Bodman
Sipplingen
Owingen
Frickingen
Heiligenberg
Deggenhausen
Steißlingen
SINGEN (Hohentwiel)
ÜBERLINGEN
Salem
Uhldingen-Mühlhofen
Bermatingen
Rielasingen
RADOLFZELL am Bodensee
Moos
Überlinger See
Hohenzollernstraße
Schwäbische Albstraße
Oberschwäbische Barockstraße (Westroute)
Grüne Straße
Wildpark
Donau

Infos

Veringenstadt 1

Das Städtchen (640 m, 2200 Einw.) im Laucherttal liegt eingezwängt zwischen steilen Jurafelsen.

Sehenswert: Der mittelalterliche Kern mit Fachwerkhäusern, u. a. **Rathaus** (um 1500), **St. Nikolaus** (1862, gotische und barocke Schnitzwerke), **Reste der Burg der Grafen von Veringen** mit Peterskapelle (12. Jh., Apsismalerei von H. und J. Strüb, 1505), Nikolaushöhle (frei zugänglich).

Museen: Heimatmuseum im Rathaus mit prähistorischen Funden; **Strübhaus – ›Haus der Malkunst‹** (um 1500), Am Kirchberg, mit Werken der Brüder Strüb (Führungen durch beide nach Anmeldung, Tel. 07577/7269).

Aktivitäten: Heimatgeschichtlicher Rundweg, Lehrpfad ›Lebendige Lauchert‹.

ⓘ Stadtverwaltung, Im Städtle 116, 72519 Veringenstadt, Tel. 07577/9300, Fax 1681, info@veringenstadt.de, www.veringenstadt.de.

Sigmaringen 2

Die Kreisstadt (570–794 m, 16500 Einw.) im Donautal, von 1535 bis 1849 Hohenzollernresidenz, ist heute Industriestandort.

Sehenswert: Das **Schloss Sigmaringen** (12.–18. Jh.), die **Stadtpfarrkirche** (1757) mit den Reliquien des als Märtyrer verehrten Sigmaringer Kapuzinerpaters Fidelis, schöne **Bürgerhäuser** und Bauten (18./19. Jh.) im Kern, die **Josephskapelle** (1629/1739), die **Kirche** (1680, Marienkapelle 1747, Chorkuppel 1889 über Hohenzollerngruft) des ehem. Franziskanerklosters Hedingen.

Museen: Schloss Sigmaringen (Mai–Okt. 9.00 bis 16.45, Nov., Febr.–April tgl. 9.30–16.30 Uhr); **Heimatmuseum ›Runder Turm‹** (Mi., Sa., So., Fei. 10.00–12.00 u. 14.00–17.00 Uhr).

Aktivitäten: Freibad, Angeln, Tennis, Reiten, Golf, Wintersport, Naturpark-Express (12 Stationen, Radtransport) bis Immendingen (Mai–Okt. Sa./So.), Hallenbad in Sigmaringendorf (4 km östl.).

Veranstaltung: **Naturtheater ›Waldbühne‹** (Mitte Juni–Anf. Sept.) in Sigmaringendorf.

ⓘ Tourist-Info, Schwabstr. 1, 72488 Sigmaringen, Tel. 07571/106223, Fax 106177, tourismus@sigmaringen.de, www.sigmaringen.de.

Mengen 3

Schönes altertümliches Städtchen (560–610 m, 10000 Einw.) an der Mündung der Ablach in die Donau.

Sehenswert: Altstadt mit schönen Fachwerkhäusern, Reste des Mauerrings, die **Liebfrauenkirche** (gotisch, 1604/1742 umgebaut), die barocke **Martinskirche** mit ihrem alten Turm sowie das Chorgestühl (1509, Jörg Syrlin d.J.) in der **Pfarrkirche** im Stadtteil Ennetach. Schöner Blick vom **›Missionsberg‹** mit neuem Aussichtsturm.

Museum: Heimatmuseum, alte Posthalterei, Hauptstr. 96, mit reichen Beständen (Mai bis Okt. 1. u. 3. So. im Monat 14.00–17.00 Uhr), **Römermuseum** im Ortsteil Ennetach (März bis Nov. Di.–So. 10.00–18.00 Uhr oder nach Vereinb. Tel. 07572/769504).

Aktivitäten: Wassersport auf Baggerseen bei Zielfingen (4 km westl.), Badesee bei Krauchenwies (7 km westl.).

ⓘ Stadtverwaltung, Hauptstr. 90, 88512 Mengen, Tel. 07572/6070, www.mengen.de.

Messkirch 4

Die Stadt (602 m, 8600 Einw.) liegt bereits im oberschwäbischen Hügelland.

Sehenswert: Das großzügige **Schloss** (1557/um 1950) der Grafen von Zimmern mit schöner Holzbalkendecke im ehemaligen Festsaal (Führungen Mai–Sept. 2. So. im Monat 16.00 Uhr), die Stadtkirche **St. Martin** (1526/1770 bis 1782) mit Stukkaturen und Fresken des späten Rokoko, Bronze-Epitaphen für Graf Gottfried Werner und Wilhelm von Zimmern, Altartafel (nach 1538) des Meisters von Meßkirch, wohl von Peter Strüb d.J.

Museen: Heimatmuseum, Schlossstr. 1 (nach Vereinb. Tel. 07575/1690); **Heidegger-Museum** im Schloss (Sa., So., Fei. 13.00–17.00 Uhr).

Markt u. Veranstaltungen: Oldtimer-Teilemarkt (Juni); **Stadtfest** (Juli); **Heidegger-Tagung**, Philosophie-Symposium (Okt.).

ⓘ Tourist-Info, Schlossstr. 1, 88605 Meßkirch, Tel. 07575/20646, Fax 4732, info@messkirch.de, www.messkirch.de.

Beuron 5

Erholungs- und Wallfahrtsort (600–850 m, 1000 Einw.) in malerischer Flussschlinge der Donau.

Sehenswert ist das 1075 gegründete **Kloster Beuron**, seit 1862 mit Benediktinern besetzt, seit 1868 Abtei, seit 1887 Erzabtei. Die Bauten stammen teils von Franz Beer (1694 bis 1707), teils sind sie neu. Die barocke Klosterkirche (1732–1738) birgt prächtige Deckengemälde und üppige Stukkaturen, die angebaute Gnadenkapelle die Grablege der Äbte und eine Pietà (15. Jh.). Nahebei führt eine hübsche **Holzbrücke** (1803) über die Donau. Gutes Beispiel des ›Beuroner Kunststils‹ ist die **Mauruskapelle** (1870) donauabwärts.

Aktivitäten: Angeln, Bootfahren, Tennis.

Veranstaltungen: Klosterkonzerte (ganzj.); geologische, botanische **Exkursionen**.

Umgebung: Auf steilem Fels **Burg Wildenstein** (16. Jh.; Jugendherberge), **Schloss Werenwag** (11.–18. Jh.; Besitz des Hauses Fürstenberg), **Ruine Falkenstein** (13. Jh.). Naturschutzgebiet ist die **Irndorfer Hardt** (7 km nördl.). In **Kreenheinstetten** (10 km westl.) wurde Abraham a Sancta Clara (1644–1709) geboren.

ⓘ Verkehrsamt, Abteistraße, 88631 Beuron, Tel. 07579/92100, Fax 921025, www.beuron.de; Haus der Natur Obere Donau, Wolterstr. 16, Tel. 07466/92800.

Fridingen an der Donau 6

Erholungsort (600–800 m, 3000 Einw.) am Beginn des Durchbruchstals der Donau.

Sehenswert ist die verwinkelte **Altstadt** mit dem Fachwerkbau **›Scharfes Eck‹**, **Ifflinger Schloss** (um 1330) und **Pfarrkirche** (gotische Holzbildwerke), nahe der Donaubrücke die barocke Kapelle **St. Anna**.

Museen: Heimatmuseum Oberes Donautal, Ifflinger Schloss (Mai–Okt. Sa./So. 14.00 bis 18.00 Uhr); **Freilichtmuseum Neuhausen ob Eck** (6 km südl., April–Okt. Di.–So. 9.00 bis 18.00 Uhr, www.freilichtmuseum-neuhausen.de).

Aktivitäten: Freibad, Angeln, Tennis; im Winter Lifte und Loipen.

Märkte u. Veranstaltungen: Naturbühne Steintäle (Juni–Sept.), Hohenbergweg 13; **Stadtfest** mit Floh- u. Krämermarkt (Sept.).

ⓘ Verkehrsamt, Kirchplatz 2, 78567 Fridingen a.d. Donau, Tel. 07463/8370, www.fridingen.de.

Mühlheim an der Donau 7

Erholungsort (600–800 m, 3600 Einw.) an der Donau mit ummauertem historischen Stadtkern.

Sehenswert: Historische Oberstadt mit **Stadttor**, **Fachwerk-Rathaus** (15. Jh.), **Pfarrkirche** (18. Jh.), **Schloss der Freiherren von Enzberg**, **Vorderem Schloss**, Kirchenruine **Maria Hilf** (1756) auf dem Welschenberg, **Galluskirche** (12. Jh., Wandmalereien 14./15. Jh.) mit Veitskapelle beim Friedhof in der Altstadt, **Kolbinger (Schau-)Höhle** und **Mühlheimer Höhle** (nordöstl. der Altstadt).

Museum: Museum im Vorderen Schloss (So. 14.00–17.00 Uhr).

Aktivitäten: Hallenbad, Tennis, im Winter Skilift am Kanapée.

Veranstaltungen: (Felsen-)Höhlenfest (Himmelfahrt); **Stadtfest** (2-jährl. Sept., nächstes 2007); **Kulturprogramm** (ganzj.), **Nachtwächterrunde** (Sa. u. Mo. ab 21.00 Uhr.

ⓘ Kultur- und Verkehrsamt, Vorderes Schloss, 78570 Mühlheim a.d. Donau, Tel. 07463/8903, www.muelheim-donau.de.

Vom Neckartal aufs Dach der Alb

Im Westen der Alb liegen nicht nur ihre höchsten Gipfel, auf einem Kegelberg südlich von Hechingen thront auch die berühmteste Burg der Region: der Sitz des Hauses Hohenzollern. Ebenfalls exponiert auf einer Felszunge erheben sich Schloss und Schlosskirche über Haigerloch. Heute Museen mit ausgefallenen Sammlungen sind die Schlösschen von Balingen und Lautlingen. Turbulenz kehrt in die Idylle im Februar ein, wenn von Rottenburg am Neckar bis Oberndorf Fastnacht gefeiert wird.

Spalier stehen die Kaiser und Könige aus dem Haus Hohenzollern: an der romantischen Hohenzollernburg aus der Mitte des 19. Jahrhunderts.

▲ Auf Burg Hohenzollern ...

▼ ... steht im Blauen Salon ein Reiterstandbild Wilhelms II.

▼ Bei festlichen Anlässen noch heute benutzt: der Grafensaal

▲ St. Georg in der Michaelskapelle ▼ Preußische Königskrone (Schatzkammer)

Am Westrand der Alb ragt eine ganze Reihe von Bergen über die 1000-Meter-Marke hinaus, darunter der Lemberg, mit 1015 Metern die höchste Erhebung. Von oben hat man einen herrlichen Blick und erkennt, dass das Gelände gleich einer riesigen Treppe von der Hochfläche abfällt. Verschiedene Juraschichten haben diese Stufen gebildet. Auf einer davon, direkt unterhalb des Lembergs, liegt Gosheim.

Königliche Burg Hohenzollern

Kaum jemand wird sich dem faszinierenden Anblick entziehen können, wenn inmitten der sanftwelligen Landschaft am Horizont die Burg Hohenzollern auftaucht: mit Türmen, Bastionen und zinnenbewehrten Mauern ein Bild vergangener Zeiten. In Wahrheit entspringt diese dritte Burg auf dem 855 Meter hohen Zoller einer romantischen Idee des preußischen Königs Friedrich Wilhelm IV., der um die Mitte des 19. Jahrhunderts regierte. So nämlich stellte er sich die ideale Ritterburg vor. Als Wehrburg war sie trotz der Befestigungen nicht gedacht, wohl aber als Zufluchtsstätte in unruhigen Zeiten.

Obwohl es mehrere elegante, wohnliche Räume gibt, hat niemand aus der preußischen Königsfamilie oder den schwäbischen Fürstenfamilien vor 1945 hier gewohnt, und danach Prinz Wilhelm, der ehemalige Kronprinz, für nur kurze Zeit. Die Burg dient der Repräsentation und der Rückbesinnung auf die Herkunft des Hauses Hohenzollern, das im Jahr 1061 zum ersten Mal fassbar wird.

Eine einzige Huldigung

Architektur, Ausstattung und Sammlungen sind eine einzige Huldigung an die Dynastie der Hohenzollern. Vor allem in diesem Zusammenhang gesehen, sind sie von Bedeutung. In all dem ›Historismus‹ werden die wenigen älteren Kunstwerke in der Michaelskapelle leicht übersehen. Hierbei handelt es sich um drei große romanische Reliefplatten, die einst wohl eine Chorschranke schmückten, Glasfenster des späten 13. Jahrhunderts, die ursprünglich für die Klosterkirche Stetten bei Hechingen geschaffen worden waren, und die schöne Gruppe des heiligen Georg, wie er dabei ist, den Drachen zu besiegen, aus der Zeit um 1500.

▲ *Balingen: Ostturm der Stadtkirche*

▼ *Balingens Zollernschloss: Museum für Waage und Gewicht*

▼ *Albstadt-Ebingen: Buntbarsche im Albaquarium*

▲ Jugendherberge am Zollernschloss

▼ Musikhistorische Sammlungen Lautlingen: Schrankflügel

Museal genutzte Schlösschen

Weniger mächtig, dafür aber malerisch an den letzten Eckturm der Stadtmauer gelehnt, ist das Zollernschlössle in Balingen. Der einstige Sitz der adligen zollerschen Obervögte birgt heute das originelle Museum für Waage und Gewicht. Eine römische Schnellwaage ist hier ebenso zu sehen wie die von Pfarrer Philipp Matthäus Hahn bereits im Jahr 1770 konstruierte erste Neigungswaage.

Ob Schrank- oder Lyraflügel, Tafelklavier, Hakenharfe oder Klapphorn – selten oder einfach nur schön sind die Instrumente aus dem 16. bis 19. Jahrhundert der Musikhistorischen Sammlung, die Lautlingens Schloss der Schenken von Stauffenberg beherbergt. Neben der Entwicklung der Tasten-, Blas- und Streichinstrumente kann man hier auch Varianten der Notenwiedergabe studieren: mittels Handschriften, Bildern und Drucken aus zehn Jahrhunderten.

Ein wahrhaft ehrsames Gericht

In Grosselfingen, einem 1600-Seelen-Dorf auf der Zollernalb, müssen nicht nur die einheimischen Amtspersonen zu Fasnet auf der Hut sein, sondern auch Besucher. Denn alle laufen Gefahr, vor das ›Ehrsame Narrengericht‹ geschleppt und dort der abenteuerlichsten Untaten beschuldigt zu werden. Zwar darf der Angeklagte einen Verteidiger bestellen, doch gelingt es diesem nur selten, die Unschuld seines Mandanten zu beweisen – der kann dann schon froh sein, wenn er mit einer Geldstrafe davonkommt. Die darf er in zwei Raten zahlen: die erste, wenn er den Geldbeutel herausnimmt, die zweite, bevor er ihn wieder einsteckt. Sollte er aber den ›Sommervogel‹ gestohlen haben, wird er zum ›Tod‹ im Dorfbrunnen verurteilt.

Das aufwändige Spiel findet nur alle vier Jahre statt – nach genau festgelegten Regeln. Rund 35 ›Chargen‹ sind daran beteiligt: Narrenvogt, Redmann, Richter, Profos, Hanswurst, Bäder, Geiger, Trommler, Pfeifer, Narrenrössle, Geißelläufer mit knallenden Peitschen und nicht zuletzt die vermummten Butzen in langen schwarzen Gewändern. Auffällig sind auch die bunten Seidenbänder, die von ihrem hohen Kopfputz den Rücken hinabfallen.

▲ *Schwäbisch-alemannische Fastnacht: Obernheimer Teufel, ...*

▲ *Tanz um den brennenden Hexenbaum in Obernheim*

▲ *Das laute Gschell des gleichnamigen Narren*

▼ *... Husaren in Schömberg*

▼ Der ›Fuchswadel‹ mit den Fuchsschwänzen an der holzgeschnitzten Larve (Schömberger Fastnacht)

Hygiene und Luxus der Römer

Ganz schön fortschrittlich waren sie, die Römer, für ihre Zeit. So galt zum Beispiel eine Fußbodenheizung in vielen Häusern im besetzten Germanien, im Limes-Land, als Standardeinrichtung. Und zu allen Kastellen und Einzelgehöften, den so genannten ›villae rusticae‹, gehörte mindestens ein Badehaus. In den Städten, den ›vici‹, gab es zudem öffentliche Bäder für alle, also auch für die einheimische Bevölkerung, und sogar Toiletten mit Wasserspülung.

SPECIAL

Die Narren sind los

Gebannt blicken die Schömberger frühmorgens am Fasnet-Mendig, dem Fastnachtsmontag, auf das Obere Tor. Pünktlich um 8 Uhr 11 quellen dann in Scharen die Narren hervor und setzen zum Sprung an durch die von Fachwerkhäusern gesäumte Hauptstraße. Aufsehen erregen vor allem die ›Fuchswadel‹. Eher gravitätisch schreiten die ›Fransenkleidle‹ einher, die närrische Ordnung besorgen ›Harzer‹, ›Husaren‹, ›Halbschwarze‹ und die ›Blätzle‹ in ihren Kleidern aus kleinen Stoff-Flecken.
Die Kostüme, fast überall *Häs* genannt, und die Masken, die *Larven*, entwickelten sich aus den einst üblichen Vermummungen mit Flechten, Stroh, Flachs, ölgetränktem Papier und Tierfellen. Viele haben über Jahrhunderte ihre typischen Züge bewahrt. Die Fasnet wird zunehmend von den Narrenzünften organisiert. Sie bemühen sich auch um die Erhaltung der originalen Narrentypen.

In Rottenburg, dem römischen *Sumelocenna*, einer zur damaligen Zeit wichtigen Verwaltungs- und Gewerbestadt, ist ein solches freskengeschmücktes öffentliches Bad zu sehen. Dazu gehört eine 32 Meter lange Toilettenanlage, die mithilfe eines 2,40 Meter tiefen Abwasserkanals gespült werden konnte. Rund sieben Kilometer misst die gemauerte Wasserleitung, die das Nass in die Stadt brachte: die längste auf rechtsrheinischem Gebiet. Von den Ingenieurs- und Handwerkerleistungen der Römer und ihrem Alltagsleben erzählen die freigelegten Ruinen und die Funde im Museum der Stadt.

▲ Rottenburg am Neckar: Stiftskirche St. Moriz ... ▼ ... und Marktbrunnen

▲ Spitzberg bei Rottenburg mit der Wurmlinger Kapelle St. Remigius

▲ Oberndorf: Schnitzaltar in der Ursulakirche

▼ Haigerloch: Schloss und Schlosskirche

In Rottenburgs guter Stube

Junge Leute sitzen auf den Stufen von Rottenburgs Marktbrunnen und befinden sich in nobler Gesellschaft. Drei Herren, Habsburger allesamt, blicken ihnen aus der Brunnensäule über die Schulter. Sie sind 500 Jahre alt, aber von jugendlichem Aussehen, jedenfalls zwei von ihnen, mit Gesichtern, als seien sie Heutige. Kaiser Friedrich III. trägt eine goldene Krone und hält ein goldenes Zepter in der Hand, Erzherzog Sigmund von Tirol ziert eine einfache Krone. Der dritte ist Herzog Friedrich IV. von Tirol; sein dichter Bart ist zu mehreren Korkenzieherlocken gedreht. Insgesamt 425 Jahre lang gehörten Rottenburg und mehrere umliegende Ortschaften zur Donaumonarchie.

Haigerloch im Frühlingszauber

Haigerloch ist das ›doppelte Lottchen‹ unter Württembergs Städten: Jahrhundertelang bestand es aus zwei vollkommen voneinander getrennten Städtchen, jedes mit einer Burg, deren Herren häufig verfeindet waren. Und: Haigerloch ist eine romantische Kleinstadt. Sie liegt, vor kalten Winden geschützt, im engen Eyachtal, das hier mit zwei großen Talschlingen rund 80 Meter tief in den Muschelkalk einschneidet. Darüber thronen auf schmaler Felsrippe Schloss und Schlosskirche. Am schönsten ist es in Haigerloch im Frühjahr, wenn überall an Hängen und Wegen der Flieder blüht und die Stadt geradezu verzaubert.

Den Maien fangen

Welchem Reiter wird es wohl diesmal gelingen, den Maien – ein mit langen bunten Bändern und allerlei Dingen geschmücktes Bäumchen – im Ritt zu fassen und aus dem mit Sägespänen bezeichneten Kreis zu tragen? Einfach ist das keineswegs, denn die Pferde scheuen vor den flatternden Bändern zurück. Zudem bedrängen die Reiter einander im Bemühen um eine günstige Position. Dreimal darf die Reitergruppe auf der als Rennbahn eingerichteten Wiese anreiten. Schafft es keiner der Reiter, gehört der Maien dem ›Pfingstbutz‹. Der muss dafür ein Fass Bier stiften.

Alle zwei Jahre am Pfingstmontag ist in Wurmlingen bei Rottenburg dieser fröhliche Pfingstbrauch zu erleben.

64
Simmersfeld
Wildberg
Nufringen
Hildrizhausen
Altdorf
Weil im Schönbuch
Altensteig
Ebhausen
Oberes Gäu
Herrenberg
Naturpark Schönbuch
Jettingen
Gäufelden
Nagold
Mötzingen
Ammerbuch
Tübingen
Pfalzgrafenweiler
Haiterbach
Bondorf
Waldachtal
Eutingen im Gäu
Rottenburg am Neckar
Neustetten
Schopfloch
Horb am Neckar
Glatten
Starzach
Dußlingen
Gomaringen
Ofterdingen
Empfingen
Hirrlingen
Bodelshausen
Mössingen
Sulz am Neckar
Haigerloch
Rangendingen
Hechingen
Vöhringen
Bisingen
Jungingen
Oberndorf am Neckar
Rosenfeld
Geislingen
Balingen
Albstadt
Epfendorf
Bösingen
Dormettingen
Schömberg
Villingendorf
Dietingen
Messstetten
Rottweil
Zimmern ob Rottweil
Wellendingen
Gosheim
Wehingen
Niedereschach
Deißlingen
Denkingen
Obere Donau
Naturpark
Stetten am kalten Markt
Maßstab 1:200.000
30
40

Infos

Rottenburg am Neckar 1

Neckarstadt (351 m, 40 000 Einw.) am Fuß des waldreichen Bergzugs Rammert.

Sehenswert: Die gesamte historische Altstadt, vor allem **Marktplatz** mit Dom **St. Martin** (15./19. Jh.), **Rathaus** (1735) und **Brunnen** (1470). Noble Stadthäuser wie **Bochinger Schlössle** und **Erckenbrechtsches** Haus erinnern an die Zugehörigkeit zur Donaumonarchie (1381–1806). Ab 1821 Bischofssitz, bezeugen mehrere Klöster die geistliche Tradition. Das **Bischofspalais** ging aus dem Schloss (1658) der Grafen von Hohenberg hervor. Grablege der Bischöfe ist die **Sülchenkirche** (1513). **St. Moriz** (14. Jh.) im Stadtteil Ehingen birgt hervorragende Gräber der Grafen von Hohenberg, Fresken (14./15. Jh.) und Stiftsmuseum (n.V., Tel. 07472/6580), die Wallfahrtskirche (1695) im Weggental (westl. vor der Stadt) reiche Stukkaturen.

Museen: Sumelocenna–Römisches Stadtmuseum (Di.–Fr. 10.00–12.00 u. 14.00–16.30, Sa./So./Fei. 10.00–16.30 Uhr); **Diözesanmuseum** (Di.–Fr. 14.00–17.00, Sa. 10.00–13.00 u. 14.00–17.00, So./Fei. 11.00–17.00 Uhr); **Sülchgau-Museum im Kulturzentrum Zehntscheuer** (So. 14.00–17.00 Uhr); **Gedenkstätte Synagoge Baisingen** (So. 14.00 bis 16.00 Uhr).

Aktivitäten: Frei- u. Hallenbad, Angeln, Kanu-Touren, Radwandern (Neckartal-Radweg), Reiten, Tennis, Klettern, Golf.

Veranstaltungen: Eierleserfest (Oster-Mo.); **Tage für Neue Musik** (April); **Pfingstritt**, Reiterprozession (2-jährl., nächste 2007); **Fischerfest** (Mai); **Fronleichnamsprozession** (Juni); **Großer Zapfenstreich der Bürgerwache** (Juni); **Neckarfest** mit Trödelmarkt (Juni); **Freilichttheater** auf dem Marktplatz (Juli); **Int. Festtage geistlicher Musik** (Juli); **Rottenburger Römerfest** (Aug.); **Mittelalterl. Spektakulum** (Sept.).

ⓘ WTG mbH, Marktplatz 24, 72108 Rottenburg am Neckar, Tel. 07472/91 62 36, Fax 91 62 33, tourismus@wtg-rottenburg.de, www.rottenburg.de.

Hechingen 2

Alte Residenzstadt (490 m, 17 000 Einw.) des Fürstentums Hohenzollern-Hechingen.

Sehenswert: Behäbige Fachwerkhäuser im Zentrum, klassizistische Stiftskirche **St. Jakobus** (1779–83; Grablege der 1869 erloschenen Linie Hohenzollern-Hechingen), Altes und Neues Schloss, ehem. Klosterkirche **St. Luzen** mit Renaissance-Ausstattung, ehem. Jagdschloss **Lindich** mit schönem Park, **Villa Eugenia** mit Fürstengarten.

Museen: Hohenzollerisches Landesmuseum im Alten Schloss (Di.–Sa. 14.00–17.00, So. u. Fei. 10.00–17.00 Uhr, www.hzl-museum.de); **Römischer Gutshof**, Freilichtmuseum (April–Okt. Di.–So. 10.00–17.00 Uhr); **Alte Synagoge** (n.V., Tel. 07471/62 10 31).

Aktivitäten: Frei- u. Hallenbad, Reiten, Tennis, Angeln, Golf, Modellflugsport; Historischer Lehrpfad KZ Bisingen (6 km südl.).

Veranstaltungen: Fasnet (Febr.); **Narrengericht** (5-jährl. zu Fastnacht, nächstes 2010) in Grosselfingen (3 km südl.).

Umgebung: Auf einem Bergkegel (5 km südl.) TOP ZIEL die **Burg Hohenzollern** (1850, Führungen tgl. 9.00–17.30, 15. Okt.–15. März 9.00 bis 16.30 Uhr), 1. Advent Weihnachtsmarkt.

ⓘ Bürger- und Tourismusbüro, Kirchplatz 12, 72379 Hechingen, Tel. 07471/94 02 11, Fax 94 02 10, tourist-info@hechingen.de, www.hechingen.de.

Haigerloch 3

TOP ZIEL Stadt (390–535 m, 9500 Einw.) zu beiden Seiten der tief in die Felsen gegrabenen Eyach.

Sehenswert: Schloss samt Kirche (16./17. Jh., innen Rokoko), **Römerturm**, **Marktplatz**, barocke **St. Annakirche**, **evangelische Kirche** mit Nachbildung von Leonardo da Vincis Abendmahl.

Museum: Atomkeller-Museum, Pfluggasse (Mai bis Sept. tgl. 10.00–12.00 u. 14.00–17.00, So. 10.00–17.00 Uhr, März, April, Okt., Nov. Sa. 10.00–12.00, 14.00–17.00, So. 10.00 bis 17.00 Uhr, Dez. bis Feb. geschl.).

Aktivitäten: Freibad, Tennis, Angeln, Radwandern.

Veranstaltungen: Bräuteln (4-jährl. zu Fastnacht, nächstes 2008); **Haigerlocher Schlosskonzerte** (Mai–Juli).

ⓘ Tourist-Info, Oberstadtstr. 11, 72401 Haigerloch, Tel. 07474/6 97 27, Fax 6068, verkehrsamt@haigerloch.de, www.haigerloch.de.

Balingen 4

Das Zentrum der Südwestalb (517 m, 34 000 Einw.) wurde bereits 863 als Siedlung Balinga erwähnt.

Sehenswert ist der neu gestaltete einladende Stadtkern mit **Zollernschloss** und **Stadtkirche** (1443; Netzgewölbe im Chor).

Museen: Museum für Waage u. Gewicht im Zollernschloss (Mo., Mi., Fr., 1. Sa. im Monat 14.00–17.00 Uhr); **Museum in der Zehntscheuer**, u.a. Stadtgeschichte (Di.–So. 14.00–17.00 Uhr).

Aktivitäten: Frei- u. Hallenbad, Badeseen, Angeln, Reiten, Segelfliegen, Squash, Tennis, Kunsteisbahn; Wintersport.

Märkte u. Veranstaltungen: Volkstanzfestival (April/Mai); **Volksfest** (Juni); **Töpfermarkt** (Okt.); **Christkindlesmarkt** (Nov.).

ⓘ Schul- und Kulturamt, Neue Str. 33, 72336 Balingen, Tel. 07433/17 02 61, Fax 17 01 27, www.balingen.de.

Albstadt 5

Bedeutender Textil-, Metall- und Nadelindustriestandort (575–982 m, 50 000 Einw.).

Museen: Galerie Albstadt mit bedeutenden Werken der Brücke-Künstler und einer großen Otto-Dix-Sammlung (Di.–Fr. 10.00 bis 12.00 u. 14.00–17.00, Do. bis 19.00, Sa./So. 10.00–17.00 Uhr); **Museum im Kräuterkasten** (Mai–Okt. Mi., Sa., So. 14.00–17.00, Nov.–April Mi. 14.30–19.00 u. 1. So. im Monat/Fei. 14.00–17.00 Uhr); **Albaquarium** im Hallenbad (Mo.–Sa. 14.00–17.00, So. 10.00 bis 12.00 u. 13.00–17.00 Uhr).

Aktivitäten: Frei- u. Erlebnisbad badkap, Modellflugsport, Segelfliegen, Tennis, Reiten, Squash, Ballonfahrten; Wintersport.

Umgebung: Ebingen mit Mittelalterbauten wie Kräuterkasten (15. Jh.) und Bürgerturm (um 1500); in **Burgfelden** die Michaelskirche.

ⓘ Tourist-Information, Marktstr. 35, 72458 Albstadt, Tel. 07431/1 60 12 04, Fax 1 60 12 27, www. albstadt.de.

Schömberg 6

Ausgedehnte Wälder umgeben das Städtchen (676 m, 4000 Einw.) oberhalb des Schlichemtals.

Sehenswert: Fachwerkhäuser im Stadtkern, **Narrenbrunnen**, barocke **Wallfahrtskapelle** auf dem Palmbühl (724 m).

Museum: Fossilienmuseum in Rotternhausen (Di.–Do. 13.00 bis 17.00, So. 11.00–17.00 Uhr).

Aktivitäten: Hallenbad, Tennis, Reiten; Angeln und Baden am Schlichem-Stausee.

Veranstaltungen: Fasnet (Febr.); **Leonhardsritt** (Okt.).

ⓘ Touristikgemeinschaft Oberes Schlichemtal, Schillerstr. 29, 72355 Schömberg, Tel. 07427/9 49 80, www.oberes-schlichemtal.de.

Wehingen 7

Städtchen (777 m, 3200 Einw.) im Bäratal.

Sehenswert: Pfarrkirche **St. Ulrich**, romanisch-gotische **Fronhofer Kirche**, **Bürglekapelle** oberhalb der Stadt.

Aktivitäten: Freibad, Tennis, Angeln, Reiten; im Winter Lifte und Loipen.

Veranstaltungen: Fasnet (Febr.).

ⓘ Bürgermeisteramt, Gosheimer Str. 14–18, 78564 Wehingen, Tel. 07426/9 47 00, www.region-der-zehn-tausender.de.

Tchibo
Marstaller

Alt und schön: Fachwerk & Co.

Zwischen Kirchheim unter Teck und Bad Urach bestimmt Fachwerk das Bild der alten Städte. Bad Urach kann zudem mit einem Renaissance-Schloss aufwarten, das italienische Lebensart in die raue Alb bringen sollte. Lebewesen, die bereits vor 150 Millionen Jahren das Jurameer bevölkerten, zeigen die Fossilienfunde im Museum Hauff von Holzmaden. Eine Traumwelt erschließt die Nebelhöhle in der Nähe des romantischen Schlosses Lichtenstein. Zum Malen schön sind auch die Pferde vom Gestüt Marbach, besonders die aus der Araberherde.

Bad Urach gibt sich kleinstädtisch. Viel Geschäftigkeit zeigt der Marktplatz mit dem Fachwerk-Rathaus.

▲ Oberlenningen: Museum für Papier und Buchkunst

▲ Fossiles Skelett eines Ichthyosauriers im Urwelt-Museum Hauff in Holzmaden

▲ Wappen Herzog Ulrichs von Württemberg

▲ Speisezimmer der Herzogin Henriette im Kirchheimer Schloss

▼ Burgruine Hohenneufen

▼ *Kirchheim unter Teck: Max-Eyth-Straße mit Kornhaus, ehemaligem Spital und Rathaus*

Von vielen Stellen des Vorlandes aus bietet der Nordrand der Schwäbischen Alb einen imposanten Anblick, besonders eindrucksvoll bei Oberlenningen und Dettingen an der Erms. Mehrere hundert Meter steigt das Gebirge aus dem Tal steil empor, und man versteht, warum dieser abrupte Anstieg ›Albtrauf‹ genannt wird: Wie eine Dachkante umgibt ein Kranz markanter weiß leuchtender Felssporne die Hochflächen. Weithin sichtbar sind der hohe Rundturm der Burg Teck und die mächtigen Mauern und Bastionen der Festungsruine Hohenneuffen.

Meerestiere bauen sich ein Haus

Ammoniten sehen nur so ähnlich aus wie Schnecken. Diese Meerestiere bauten sich ebenfalls ein Haus, jedoch nicht in Form einer erhöhten Spirale, sondern sie fügten horizontal spiralig eine Kammer an die andere. Sie bewohnten stets nur die vorderste, die größte Stube, die sie mit einer ›Haustür‹ verschließen konnten, während die Schnecke zeitlebens ihr ganzes Haus bewohnt.

Die ölhaltigen Schiefer einer Liasstufe rund um Holzmaden sind durch Fossilienfunde weltbekannt geworden. Man grub dort viele wunderschöne große Ammonitengehäuse aus, dazu Muscheln, Belemniten, Fische aller Art, Tintenfische, große Seelilienkolonien, Krokodile, Plesiosaurier (Schlangenhalsechsen) und Ichthyosaurier (Fischechsen) mit 200 Zähnen. Das Museum Hauff in Holzmaden gibt einen Einblick in die Reichhaltigkeit der Lebewesen, die vor 150 Millionen Jahren das Jurameer bevölkerten.

Vulkanschlot Randecker Maar

Welliges Gelände innerhalb einer großen Mulde, durchsetzt von Büschen, einigen Bäumen und zahlreichen Kalksteintrümmern, durchquert von einer Straße, die kurvenreich von Hepsisau nach Schopfloch führt: Eigentlich keine besondere Szenerie auf der Alb, wüsste man nicht, dass es sich hier um den mit mehr als einen Kilometer Durchmesser größten Vulkanschlot der Alb handelt: das Randecker Maar.

Vor 35 Millionen Jahren herrschte im Gebiet von Kirchheim unter Teck und Bad Urach heftiger Vulkanismus. Von dem Glut-

▲ Bad Urach: Residenzschloss der Grafen von Württemberg und Amanduskirche

▼ Wanderziel von Bad Urach aus: die Wasserfälle

▲ König David am Taufstein (1518) des Christoph von Urach in der Amanduskirche

▼ Goldener Saal des Uracher Schlosses

▲ Burgruine Hohenurach

▼ Blumenmarkt vor dem Rathaus in Bad Urach

fluss sind jedoch nur relativ geringe Mengen an die Oberfläche gedrungen und dort zu Asche erstarrt. Als Tuffstein füllt sie das Zentrum des Randecker Maars. Der Kratersee ist inzwischen verschwunden, das Wasser nordwärts abgeflossen. Dort ist die einzige Öffnung der Senke: Der Zipfelbach hat den Kraterrand angefressen. Mehrere Berge rahmen das Maar und überragen es um rund 400 Meter. Den besten Blick in den gewaltigen Kessel hat man von seinem Südrand.

Mutige Devise: ›Ich wag's‹

Eine gemalte Palme und die Worte ›Attempto‹ – Ich wag's – schmücken allüberall die Wände des Uracher Schlosses: den überwölbten Zugang zum Schloßhof, den Goldenen Saal und vor allem den Palmensaal – Zeichen und Devise des Grafen und späteren Herzogs Eberhard im Bart. Was hatte er denn gewagt? 1468, zu einer Zeit, als das Reisen noch sehr beschwerlich war, machte er sich mit 40 Begleitern auf ins Heilige Land. Die Eindrücke saßen tief.

Fasziniert hat den weltaufgeschlossenen Grafen auch die italienische Lebensart zur Zeit der Renaissance. Aus Mantua holte er sich seine Frau: Barbara Gonzaga, die Tochter des dortigen Grafen. Wohl um ihr das Eingewöhnen in der rauen Schwäbischen Alb zu erleichtern, ließ er den heute so genannten Goldenen Saal im Stil der Renaissance zum Hochzeitssaal umbauen, ein Raum von entzückender Leichtigkeit. Damals sah Urach ein glanzvolles Fest mit rund 14 000 Gästen. Aus den drei Röhren eines Brunnens floss Wein für das Volk.

Traditionsreicher Schäferlauf

Alle zwei Jahre, im Wechsel mit Heidenheim, erfreuen sich die Uracher und ihre Gäste am Schäferlauf. Bechertanz und Hahnentanz in historischer Tracht, ein fröhlicher Festzug in prächtig geschmückten Kutschen der Metzger, Schäfer und des vorjährigen Schäferkönigspaars füllen dann Bad Urachs Straßen. Wettspiele und Musik bilden den Auftakt dieses alten Brauchtumsfestes, die Wettläufe der Schäfer und Schäfermädchen übers Stoppelfeld den Höhepunkt. Die Sieger werden unter dem begeisterten Jubel der Zuschauer zu Schäferkönig und -königin gekrönt.

▲ Bei der Fohlenschau des regionalen Pferdezuchtvereins auf dem Haupt- und Landgestüt Marbach

▲ Tiere im Einklang mit der Natur: Araberstute mit Fohlen auf der Weide in Marbach, ...

▼ ... Schafherde bei Ochsenwang

▲ Kanuwandern auf der Großen Lauter ▼ ›Altar mit Orgel‹ in der Nebelhöhle bei Lichtenstein

Schäferzünfte gibt es zwar nicht mehr, doch Schäfer mit Herden und Hunden gehören auch heute noch zum Bild der Alb. Man trifft sie in den Wachholderheiden auf den Hochflächen, zum Beispiel im Raum Münsingen, oder an manchen Steilhängen, in einer Landschaft, die diese Tiere durch ihr Weiden selbst geschaffen haben.

SPECIAL

Traumwelt in der Erde

Die etwa 380 Meter lange Nebelhöhle ist eine der meistbesuchten Schauhöhlen der Alb. 1486 wurde sie erstmals schriftlich erwähnt, populär dann durch den Besuch des späteren ersten württembergischen Königs Friedrich I. 1803 und durch Wilhelm Hauffs romantischen Sagenroman ›Lichtenstein‹. Wer sich nicht scheut, 141 Stufen tief in die Erde hinunterzusteigen, den umfängt ein wundersames Reich aus Stalaktiten und Stalagmiten, fantastisch-bizarren Tropfsteingebilden. Ist die Höhle gar illuminiert, zum Beispiel während des Nebelhöhlenfestes zu Pfingsten, blinken die Kristalle in allen Farben des Regenbogens. Weite Grotten wirken wie festlich geschmückte Säle oder überkuppelte Hallen.

Per Boot auf der Großen Lauter

Die Große Lauter und ihre Ufer vom Kajak aus betrachten – zwischen Münsingen-Buttenhausen und Hayingen-Anhausen ist das möglich. Der Fluss ist hier noch zahm. Er schlängelt sich durch Wiesen, vorbei an Weilern, Kirchen mit Zwiebeltürmen, Mühlen und Waldstücken. Dahinter bewaldete Hänge, aus denen weiße Kalksteinfelsen hervorleuchten, und Bergeshöhen, von denen Burgruinen grüßen: der mächtige Bergfried oberhalb von Hundersingen, die Burgreste von Gundelfingen, das ganz besonders reizvoll an einem fast abgeschnittenen Umlaufberg gelegen ist, und Burg Derneck.

Hinter Anhausen zwängt sich die Große Lauter durch ein felsiges Tal. Diese wildromantische Landschaft kann man nur zu Fuß genießen.

Wo sich Pferdefreunde treffen

Dort, wo die Alb am schönsten ist, liegt das ›Pferdedorf‹ St. Johann, zu Füßen der Hohen Warte zwischen Bad Urach und

▲ Seit 1842 erhebt sich die romantische Burg Lichtenstein über dem Echaztal

▼ Der Rittersaal zeigt Gestalten aus Wilhelm Hauffs Roman ›Lichtenstein‹

▲ Altstadt von Trochtelfingen

▲ Reutlingen: Marienkirche

▼ Reutlingen: Marktbrunnen

▼ Pfullinger Hallen

Reutlingen. Auf den weitläufigen Koppeln der Kuppenalb tummeln sich im Frühjahr und Sommer Scharen junger Stuten. Der Gestütshof St. Johann war früher ein Stützpunkt für Jagdunternehmungen der württembergischen Herzöge, seit vielen Jahren gehört er zum Haupt- und Landgestüt Marbach. Auf den Weiden in der Umgebung dieses kleinen Ortes sieht man Stuten mit Fohlen. In Offenhausen, der dritten Station, trifft man vor allem Junghengste an.

Insgesamt leben im Gestüt Marbach rund 380 Pferde. Gezüchtet werden die Rassen Warmblut, Kaltblut mit den attraktiven Schwarzwälder Füchsen, Haflinger und Araber. Sie vor allem ziehen die Besucher an.

Edler Festsaalbau in Pfullingen

Heute noch, nach hundert Jahren, wirken die Pfullinger Hallen in ihren einfachen klaren Formen überraschend modern. Man kann sich also gut vorstellen, dass im Jahr 1906 Theodor Fischers Architektur als geradezu sensationell empfunden worden sein muss. Auf den Wandbildern im Innern entfaltet sich der Jugendstil in lebhaften Linienrhythmen und sprühender Vitalität. Tanz und Musik, Erwachen des Menschen, Herannahen der Liebe, Kommen des Frühlings, Herabkunft der Freude, Resignation und Kunst sind die Themen der unter Leitung von Adolf Hoelzel geschaffenen Malereien.

Der Fabrikant Louis Laiblin ließ diesen schönen Festsaalbau ›für alle Bevölkerungsschichten zur Pflege des Edlen und Schönen‹, wie es hieß, in Pfullingens Klosterstraße errichten.

Zeichen einer stolzen Stadt

Vom Stolz der einstigen Reichsstadt kündet in Reutlingen die Marienkirche. Vorbilder ihrer reich komponierten Westfassade mit drei Portalen und Rosette waren keine geringeren als die gotischen Münster von Straßburg und Bad Wimpfen. Der verheerende Stadtbrand im Jahr 1726 vernichtete jedoch leider den Großteil der Ausstattung. Erhalten blieben allerdings zwei Meisterwerke der Spätgotik aus der Werkstatt des Martin Schmid und Christoph von Urach: der Taufstein aus dem Jahr 1499 und ein etwas jüngeres Heiliges Grab.

ESSLINGEN am Neckar
OST-FILDERN
PLOCHINGEN
EBERSBACH an der Fils
UHINGEN
Reichenbach an der Fils
Baltmannsweiler
Altbach
Deizisau
Denkendorf
Köngen
WERNAU (Neckar)
Hochdorf
Albershausen
LEINFELDEN-ECHTERDINGEN
BÖBLINGEN
Steinenbronn
Schönaich
HOLZGERLINGEN
FILDERSTADT
Neuhausen auf den Fildern
WENDLINGEN am Neckar
Notzingen
Schlierbach
KIRCHHEIM unter Teck
Wolfschlugen
Unterensingen
Oberboihingen
Dettingen unter Teck
WEILHEIM an der Teck
AICHTAL
WALDENBUCH
Weil im Schönbuch
Dettenhausen
NÜRTINGEN
Bissingen an der Teck
Walddorfhäslach
Neckartailfingen
Frickenhausen
Großbettlingen
Neckartenzlingen
Bempflingen
OWEN
TÜBINGEN
Pliezhausen
Riederich
METZINGEN
Grafenberg
Kohlberg
Beuren
NEUFFEN
Erkenbrechtsweiler
Lenningen
Kirchentellinsfurt
Kusterdingen
Wannweil
Dettingen an der Erms
BAD URACH
Hülben
Grabenstetten
Römerstein
REUTLINGEN
Eningen unter Achalm
PFULLINGEN
Gomaringen
Dußlingen
Nehren
Ofterdingen
MÖSSINGEN
Lichtenstein
Sankt Johann
MÜNSINGEN
Gomadingen
Engstingen
Sonnenbühl
TROCHTELFINGEN
BURLADINGEN
HAYINGEN
GAMMERTINGEN
Hohenstein
Mehrstetten
Maßstab 1:200.000
0
3 km

Infos

Kirchheim unter Teck 1

Marktstadt (311 m, 38 000 Einw.), seit 1220, am Fuß der Schwäbischen Alb.

Sehenswert: Die nach dem großen Brand von 1690 entstandene **Altstadt** mit stattlichen Fachwerkbauten wie **Rathaus** (1724), **Pfründnerhaus** des Spitals, Geburts- und Wohnhaus des Ingenieurs und Dichters **Max von Eyth** (1836–1906), mit **Kornhaus** (1550), gotischer **Martinskirche** (14./15. Jh.) und **Renaissance-Schloss** (1538–1543), einst Teil der Stadtbefestigung (Reste erhalten).

TOP ZIEL **Umgebung: Holzmaden** (2 km südöstl.) mit Urwelt-Museum Hauff (Di.–So. 9.00–17.00 Uhr); **Randecker Maar** (Vulkanschlot, 11 km südl.).

Museen: Städtisches Museum, Kornhaus, Max-Eyth-Str. 19 (Di. 14.00–17.00, Sa./So./Fei. 11.00–17.00); **Literarisches Museum**, Max-Eyth-Haus, Max-Eyth-Str. 15 (Mi.–Fr. 14.00 bis 17.00, So./Fei. 11.00–17.00 Uhr); **Fürstenzimmer im Schloss** (Mi.–Fr. 14.00–17.00, Sa./So./Fei. 11.00–16.00, Führungen So. 14.00 u. 15.00 Uhr).

Aktivitäten: Frei- u. Hallenbad, Golfplatz (18 Loch), Tennis, Reiten, Segelfliegen.

Märkte u. Veranstaltungen: Historische Märkte (März u. Nov.); **Oldtimer-Fliegertreffen** u. **int. Hahnweide-Segelflug-Wettbewerb** (Mai); **Weindorf** (Aug.); **Goldene Oktobertage**; in Weilheim **Städtlesfest** (Juli).

ⓘ Kirchheim-Info, Max-Eyth-Str. 15, 73230 Kirchheim unter Teck, Tel. 07021/30 27, Fax 48 05 38, tourist@kirchheim-teck.de, www.kirchheim-teck.de.

Metzingen 2

900-jährige Stadt (350 m, 20 000 Einw.) im Ermstal, umgeben von Weinbergen.

Sehenswert: Sieben Keltern (älteste 15. Jh.), Fachwerkbauten, spätgotische **Pfarrkirche** (16. Jh.), **Rathaus** (16. Jh.).

Museen: Weinbaumuseum Sieben Keltern (April–Okt. So. 10.00–17.00 Uhr).

Aktivitäten: Frei- u. Hallenbad, Tennis, Reiten, Segelfliegen, Segeln, Wandern.

Veranstaltungen: Theatertage mit Stadt- u. Heimatfest (2-jährl., nächstes 2007); **Weinfest** (Okt.)

ⓘ Stadtverwaltung, Stuttgarter Str. 2–4, 72555 Metzingen, Tel. 07123/92 53 26, Fax 92 53 27, www.metzingen.de.

Reutlingen 3

Die Stadt (290–869 m, 110 000 Einw.) ist das bedeutendste wirtschaftliche Zentrum zwischen Stuttgart und dem Bodensee.

Sehenswert: Spitalhof (16. Jh.), Komplex mit Innenhof, stattliche Klosterhöfe wie **Marchtaler Hof** (um 1500) und **Königsbronner Hof** (1538), **Spendhaus** (1518, Fruchtkasten), zwei Stadttore, zahlreiche Brunnen, gotische **Marienkirche** (1247–1343). Im angrenzenden Pfullingen herzogl. **Schloss** (1563), **Rathaus** (1686), ehem. **Klosterkirche** (13. Jh.), **Pfullinger Hallen** (1905), **Festsaal** mit Jugendstilmalereien (nach Vereinb. Tel. 07121/70 32 08).

Museen: Heimatmuseum, Königsbronner Hof (Di.–Sa. 11.00–17.00, Do. bis 19.00, So. 11.00 bis 18.00 Uhr) mit Industrie-Magazin, Eberhardstr. 14 (nach Vereinb., Tel. 07121/ 303 25 39); **Städt. Kunstmuseum Spendhaus** (Di.–Sa. 11.00–17.00, Do. bis 19.00, So. 11.00 bis 18.00 Uhr); **Naturkundemuseum** (Di.–Sa. 11.00–17.00, Do. bis 19.00, So. 11.00–18.00 Uhr); **Stiftung für konkrete Kunst**, Eberhardstr. 14 (Mi. u. Sa. 14.00–18.00 Uhr); in Betzingen Museum **›im Dorf‹** (April–Okt. Sa. 14.00–17.00, So. 10.30–12.00 u. 13.30 bis 17.00 Uhr); in Pfullingen **Stadtgeschichtliches Museum**, Josefstraße, Mühlen- u. Trachtenmuseum, Griesstraße (Mai–Okt. So. 14.00 bis 17.00 Uhr); in Sonnenbühl-Erpfingen **Ostereimuseum**, Steigstr. 8 (März–Okt. Di. bis Sa. 10.00–17.00, So. 11.00–17.00, nach Pfingst-Mo. Di.–So. 13.00–17.00 Uhr).

Aktivitäten: Wellenfreibad u. Hallenbad, Angeln, Reiten, Tennis, Squash, Segelfliegen, Ballonfahrten, Eislauf- und Freizeitcenter; Sommerbobbahn (850 m) in Sonnenbühl-Erpfingen; Golf in Sonnenbühl-Undingen (16 km südl.); im Winter Lifte und Loipen.

Märkte u. Veranstaltungen: Schiedwecken, Pastetenessen (Mi. nach Fastensonntag); **Schwäbische Mundartwochen** (März); **Naturtheater** (Juni–Sept.); **Weinfest** (Aug./ Sept.); in Sonnenbühl-Genkingen **Nebelhöhlenfest** (Pfingsten); in Sonnenbühl-Erpfingen **Bärenhöhlenfest** (Himmelfahrt); in Pfullingen **Maimarkt** und **Kirbemarkt** (Okt.).

Umgebung: In **Eningen** (4 km östl.) HAP-Grieshaber-Halle mit Fries des Künstlers. TOP ZIEL In **Lichtenstein** (18 km südl.) Schloss Lichtenstein für den Herzog von Urach (ab 1840); TOP ZIEL bei **Sonnenbühl-Genkingen** (15 km südl.) Nebelhöhle; bei Sonnenbühl-Erpfingen (18 km südl.) Bärenhöhle mit Freizeitpark ›Traumland‹.

ⓘ Tourist-Info, Listplatz 1, 72764 Reutlingen, Tel. 07121/303 26 22, Fax 339590, www.reutlingen.de.

Bad Urach 4

Kleinstadt, Luftkurort und Heilbad (464–736 m, 13 000 Einw.); von 1442 bis 1482 Residenz der Grafen von Württemberg.

Sehenswert: Rathaus (1562), **Marktbrunnen** (um 1500), ehem. **Mönchshof** (ab 1477), TOP ZIEL Stiftskirche **St. Amandus** (1499), **Residenzschloss** (1443 begonnen, Di.–So. 9.00–17.00 Uhr), Festungsruinen **Hohenurach** u. **Hohenwittlingen**; **Wasserfälle**.

Museen: Stadtmuseum Klostermühle, Hermann-Prey-Platz 3 (Di., Mi., Fr., Sa. 14.00 bis 17.00, Do. 14.00–18.00, So. 10.00–12.00 u. 13.00–17.00 Uhr); im Ortsteil Hengen Grammophon-Museum (So. 14.00–16.00 Uhr).

Aktivitäten: Thermal-Mineralbad, Höhenfreibad, Wellen- und Freizeitbad Aquadrom, Tennis, Reiten, Kutschfahrten, Segelfliegen; ›Sofa-Zügle‹ Nürtingen-Neuffen.

Veranstaltungen: Musiktage (Sept./Okt.); **Schäferlauf** (2-jährl., nächster 2007).

ⓘ Tourist-Info, Bei den Thermen 4, 72574 Bad Urach, Tel. 07125/9432-0, Fax 943222, info@badurach.de, www.badurach.de.

Münsingen 5

Alte Stadt (600–866 m, 12 050 Einw.) mit 12 zum Teil noch dörflichen Stadtteilen.

Sehenswert: Altstadt mit Fachwerkbauten, u. a. **Altes Rathaus** (17. Jh.), ehem. württembergisches **Schloss** (14. Jh., Steinbau).

Umgebung: Zu **Gomadingen** (9 km westl.) gehört das Haupt- und Landgestüt Marbach TOP ZIEL (Mo.–Do. 8.00–12.00 u. 13.30–16.00, Fr. 8.00–12.00 Uhr).

Museum im **Schloss Münsingen** (April bis Okt. So. 10.00–12.00, Mi. 14.30–16.30 Uhr).

Aktivitäten: Hallenbad, Reiten und Fahren, Klettern, Angeln, Kajakfahren, Ballooning, Segelfliegen, Tennis, Wandern; historischer Schienenbus Engstingen–Münsingen (19 km); im Winter Loipen.

Veranstaltungen: In Marbach **Hengstparaden** (Sept./Okt).

ⓘ Tourist-Info, Bachwiesenstr. 7, 72525 Münsingen, Tel. 07381/18 21 45, www.muensingen.de.

Trochtelfingen 6

Ländliche Kleinstadt (700–849 m, 6600 Einw.).

Sehenswert: Altstadt mit Befestigung, **Fachwerkbauten**, **Grafenschloss** (um 1450), **Martinskirche** (nach 1320), **Erhardkapelle** (14. Jh.), **Haidkapelle** (um 1570).

Aktivitäten: Angeln, Reiten, Tennis, Drachenfliegen; im Winter Lifte und Loipen.

Märkte u. Veranstaltung: Fasnet (Febr.); **Sichelhenke** mit Erntedankaltar (Sept.); vier **Krämermärkte**; **Christkindles-Markt**.

ⓘ Stadtverwaltung, Rathausplatz 9, 72818 Trochtelfingen, Tel. 07124/48 21, www.trochtelfingen.de.

Klöster, Donaustädte, Natur

Am Südrand der Alb verläuft die Oberschwäbische Barockstraße. Auf dem Weg findet man so großartige alte Klöster wie Zwiefalten, Obermarchtal und Blaubeuren sowie die ehemals habsburgischen Donaustädte Riedlingen, Munderkingen und Ehingen. Aber auch die Natur hat hier Erstaunliches geschaffen: bizarre Felsen, tiefe Höhlen und geheimnisvolle Karstquellen.

Das Barockschloss Mochental bei Munderkingen ist heute ein Zentrum moderner Kunst.

▲ Barockpracht: Klosterkirche Zwiefalten ▼ Trauernde Maria im Kloster Heiligkreuztal

▲ Klosterkirche Zwiefalten: Putten am Tabernakel vor dem Altar

▲ *Reizvoll: Riedlingens Altstadt ...*

▼ *... mit ihren Giebeln, Türmen und Toren*

Sanft fällt das Juragebirge zur Donau hin ab, die karge Hochfläche geht in Hügelland über. Schon in der Jungsteinzeit war das Land besiedelt, später dann von den Kelten. Eine Handvoll kleiner mittelalterlicher Städte, Burgen auf Bergeshöhen und malerische Ruinen erfreuen das Auge. Vom Repräsentationswillen der Geistlichkeit zeugen einige Klosteranlagen in der Donauregion. Sie zählen bereits zur Barockkultur Oberschwabens. Hier hat die Reformation nie Fuß gefasst.

Der Himmel auf Erden

Beim Betreten der ehemaligen Abteikirche Zwiefalten stockt der Atem – man ist geblendet von der Fülle der Farben und Formen. Alle Erdenschwere hat sich in ein schwingendes Luftgebilde verwandelt. Züngelnde Rocaillen in der Gewölbezone weisen auf die kreisenden Figurengruppen hin, leiten über zu den ausgreifenden Deckenmalereien. Sie besitzen keinen festen Rahmen: Architektur, Stuck, Malerei fließen ineinander. Dieser Raum ist ein Gesamtkunstwerk und ein Höhepunkt der Rokoko-Dekoration.

Der heilige Benedikt, Stifter des Ordens, dem die Mönche der früheren Abtei angehörten, bildet das Zentrum des riesigen Freskos an der Gewölbedecke, die das Langhaus überspannt. Anbetend kniet er vor einem Bild der Madonna mit dem Kind und empfängt mit ausgebreiteten Armen einen Lichtstrom, der von Maria in den Wolken ausgeht. Beim heiligen Benedikt löst sich der Lichtstrom in einen Feuerregen auf, der auf andere europäische Benediktinerklöster und Marien-Wallfahrtsorte verweist.

Kahnfahren – unter der Erde

Den Klosterhof von Zwiefalten durchquert ein Bach. Folgte man ihm, so gelangte man auf kürzestem Weg zur Wimsener Höhle. Sie ist die einzige der unzähligen Albhöhlen, in der man mit Booten umherfahren kann. Das halbrunde steinerne Portal öffnet sich am Fuß einer steilen Felswand. Man steigt dort in einen Kahn und fährt gut 70 Meter weit in die elektrisch beleuchtete Höhle.

Höhlenforscher sind noch etwa 300 Meter weiter vorgedrungen und haben teils durchflutete, teils trockengefallene Gänge

▼ *Obermarchtal: unter der Kanzel*

▲ *Obermarchtal: Herzstück des ehemaligen Prämonstratenserklosters ist die 1686 begonnene Klosterkirche, ...*

▼ *... hier das Refektorium*

▲ In Obermarchtals ganz in Weiß gehaltener Klosterkirche setzen nur Altäre und Gestühl Farbakzente

▲ Der Brunnen auf Ehingens Marktplatz erzählt Stadtgeschichte ▼ Munderkingen: am Pfarrhof

entdeckt sowie die mit Tropfsteinen gezierte ›Schatzkammer‹, die ›Barocknische‹ und den ›Ehrenfelser See‹. Die tatsächliche Länge ist noch nicht erkundet.

Für Besucher ohne Tauchanzüge endet die unterirdische Entdeckungsreise kurz vor der ›Schatzkammer‹ nahe dem Wimsener Brunnen. Dort steigt Grundwasser aus tieferen Gesteinsschichten auf. Der Brunnen ist eine kräftig sprudelnde Karstquelle, ähnlich dem Blautopf und dem Achtopf, nur mit dem Unterschied, dass dieser Quelltopf nicht an der Erdoberfläche liegt, sondern in einer Höhle. Er speist schließlich die Zwiefalter Ach.

Kirchenkunst ganz in Weiß

Das ist eine Besonderheit barocker Kirchenkunst: Decken und Wände der ehemaligen Klosterkirche in Obermarchtal erstrahlen in reinem Weiß. Kein Fresko wie in anderen Barockkirchen lenkt ab von den Stukkaturen, die die Gewölbe überziehen – als Akanthusgirlanden, Muscheln, Rosetten, Fruchtkränze.

Meister der berühmten Wessobrunner Schule, allen voran Johann Schmuzer, haben im späten 17. Jahrhundert diesen trotz aller Üppigkeit wohlgeordneten Stuckschmuck geschaffen. Unterhalb der Klosteranlage zieht die Donau ihre Schleifen, gesäumt von grünen Wiesen, üppig wachsenden Bäumen und Büschen.

Der Altar – ein Bilderbuch

In dem – zuzeiten – herrlich blauen Wasser der Blau spiegeln sich die altersgrauen Mauern von Turm und Seitenfront der Klosterkirche Blaubeuren. Ein Kunstwerk von europäischem Rang ist ihr gotischer Hochaltar. Bis fast ins Chorgewölbe reicht die Spitze des zart gesponnenen Gesprenges über dem Mittelschrein.

Es ist ein Wandelaltar mit einem Doppelpaar an den Flügeln und drei großen Schauseiten. Die erste zeigt – dann sind alle Flügel zugeklappt – in vier großen farbkräftigen Bildern die Passion Christi, die zweite, mit geöffneten Flügeln, 16 Szenen aus dem Leben Johannes des Täufers. Nur an Festtagen ist der innere Schrein zu sehen mit den festlich gekleideten Figuren: Maria mit dem Kind, emporgehoben in der Mitte, ihr zur Seite die beiden Johannes

▲ Blaubeuren: Hammerschmiede

▲ Im Achtal zwischen Schelklingen und Blaubeuren

▼ Blaubeuren: Klausurgebäude

▲ Blaubeuren: Hochaltar und …

▼ … Chorgestühl

▼ ›Hocketse‹ nennen die Schwaben (Wein-)Feste wie hier rund um die Stadtkirche in Blaubeuren

sowie Benedikt und Scholastika. Die lebensvollen Gestalten sind Werke des Bildschnitzers Gregor Erhart aus Ulm.

SPECIAL

Was macht die Blau so blau?

Man sollte schon ein wenig träumen auf den von mächtigen Buchen beschatteten Bänken am Rande des Blautopfs in Blaubeuren, dieser schönen Karstquelle, so wie es einst Eduard Mörike tat und das entzückende Märchen von der schönen Lau erfand. Weil sie immer nur tote Kinder gebar, hat ihr Gemahl, der Nixenkönig, sie in diesen Quelltopf verbannt. Hier richtet sie nun, wie das launische Nixen so an sich haben, mal Gutes, mal Böses an. Mag sein, dass sie in guten Tagen das herrliche Blau geschaffen hat. Die wissenschaftliche Auflösung dieses Geheimnisses ist viel nüchterner. Chemisch reines Wasser ist nämlich nicht weiß, wie man annimmt, sondern besitzt von Natur aus eine rein blaue Färbung, die aber erst dann für das Auge sichtbar wird, wenn das Licht durch eine Wasserschicht von bedeutender Dicke dringt.

Der Trichter des Blautopfs ist rund 21 Meter tief, ein Sammelbecken der Wasser aus einem weit verzweigten Karsthöhlensystem von etwa 160 Quadratkilometern. Ein Höhlenforscher folgte tauchend der unterirdischen Wasserleitung 1300 Meter weit und entdeckte einen zum Teil mit Wasser gefüllten Hohlraum von 120 Meter Länge und 25 Meter Breite und etwa 30 Meter Höhe, den er ›Mörike-Dom‹ nannte.

Felslabyrinth bei Blaubeuren

Beim Spaziergang rund um Blaubeuren trifft man auf zahlreiche Kalksteinbrüche, schroffe Jurafelsen, Grotten, Höhlen. Der Volksmund gab manchen der auffälligen Felsgebilde sinnreiche Namen. ›Küssende Sau‹ heißt ein hohes geschlossenes Felsportal. Hier, unterhalb der Ruine Günzelburg, zieht sich ein wahres Labyrinth an Felsen hin. Wachtfels, Blaufels und nicht zuletzt die Ruine Rusenschloss auf steilem Fels bieten prächtige Blicke auf das reizvoll im Talkessel gelegene Blaubeuren. Einer der Felsen hat sich ins Stadtzentrum verirrt: das sagenumwobene ›Klötzle Blei‹, ein markanter Koloss.

Maßstab 1:200.000
3 km
ULM
NEU-ULM
BLAUBEUREN
Blaustein
MÜNSINGEN
Gomadingen
Sankt Johann
SCHELKLINGEN
Allmendingen
ERBACH
SENDEN
VÖHRINGEN
ILLERTISSEN
DIETENHEIM
EHINGEN
Mühlen (Donau)
MUNDERKINGEN
Rottenacker
HAYINGEN
Zwiefalten
RIEDLINGEN
Langenenslingen
Unlingen
Uttenweiler
Dürmentingen
Ertingen
LAUPHEIM
Achstetten
Öpfingen
Oberdischingen
Schemmerhofen
Mietingen
Schwendi
Burgrieden
Maselheim
BIBERACH
an der Riß
Warthausen
Heroldstatt
Dornstadt
Elchingen
Illerkirchberg
Staig
Mehrstetten
Schwäbische Dichterstraße
Oberschwäbische Barockstraße
Deutsche Alleenstraße
Donau
64
94
108
40

Infos

Riedlingen 1

Der Ort (542 m, 9000 Einw.), bis 1805 eine der fünf vorderösterreichischen Donaustädte, baut sich terrassenartig über dem Donauufer auf.

Sehenswert: Noch mittelalterlich ist die **Altstadt** mit Teilen der Stadtmauer samt Türmen und Toren; besonders schön die Donaupartie mit **Mühltörle** (15. Jh.), **Wehr**, **Giebelhäusern**, **Rathaus** (1447 Kaufhaus); daneben **Schöne Stieg**, **Mohrenscheuer**, **Wegscheider-Haus**. Die Kirche **St. Georg** (14. Jh.) birgt gotische Fresken (15. Jh.). Barock sind die **Kirche** (1654–1658) des ehemaligen Kapuzinerklosters und die **Nothelferkapelle** (1722) in der Weilervorstadt.

Museum: Heuneburg-Museum (April–Okt. Di.–So. 10.00–16.30, Juli/Aug. bis 18.00 Uhr, Nov.–März geschl.) in Herbertingen-Hundersingen (2 km südl. der Heuneburg, außerhalb der Karte).

Aktivität: Hallenbad.

Märkte u. Veranstaltungen: Palmprozession (Palm-So.); **Flohmarkt** (Mai); **Stadtfest** (Juli); **Fohlenmarkt** (Aug.); **Gallusmarkt** (Okt.).

Umgebung: Neufra (3 km südl.) prägen Pfarrkirche (15. Jh.), Schloss (16. Jh.), Reithaus, Fruchtkasten (16. Jh.), Renaissance-Garten. Eindrucksvoll ist das ehem. Kloster (ab 13. Jh.) **Heiligkreuztal** (7 km westl.). In **Wilflingen** (11 km westl.) Schloss der Schenken v. Stauffenberg (16./18. Jh.); im Forsthaus, literarische Gedenkstätte, lebte Ernst Jünger (1895–1998). Keltischer Fürstensitz, Siedlung, Grabhügel war die **Heuneburg** (10 km südl.); nahebei Grabhügel Hohmichele (13,5 m).

ⓘ Bürgermeisteramt, Marktplatz 1, 88499 Riedlingen, Tel. 07371/18 30, www.riedlingen.de.

Hayingen 2

Einst fürstenbergisches Amtsstädtchen (661 m, 3000 Einw.) in tiefem, felsigem Trockental.

Sehenswert: Fachwerk-Rathaus (17. Jh.) und **-Spital** (1536), barocker **Fruchtkasten** (17. Jh.), barockisierte gotische **Vituskirche**, **Burg Derneck** (14. Jh.) mit mächtiger Schildmauer, heute Wanderheim.

Veranstaltungen: Naturtheater in einer Talschlucht; **Stadtfest** (Juli/Aug.).

Umgebung: Von Joh. Michael Fischer stammt die Kirche (1739–1765) der ehem. Benediktinerabtei (1089–1802) **Zwiefalten** (8 km südl.), ein Juwel der Oberschwäbischen Barockstraße.

Aktivitäten: Tennis, Segelfliegen; Kanufahren/Paddeln; Wintersport.

ⓘ Gäste-Information, Kirchstr. 15, 72534 Hayingen, Tel. 07386/97 77 23, Fax 97 77 33, www.hayingen.de.

Munderkingen 3

Das ländliche Städtchen (516 m, 5000 Einw.) in einer Donauschleife war bereits um 1285 an die Habsburger (bis 1805) verkauft worden.

Sehenswert: Spätgotische, barock umgestaltete Kirche **St. Dionysius** mit prächtigem Chorgestühl (um 1740) und Rokoko-Hochaltar, ehem. **Hl.-Geist-Spital** (16. Jh.) mit Fassadenmalerei, **Rathaus** (1563), **Zwiefaltener Hof** (17./18. Jh.) in kunstvollem Fachwerk, schlossähnlicher **Pfarrhof** (1707) an der Donau, **Wallfahrtskirche** auf dem Frauenberg (1722, innen ausgemalt).

Museen: Kalkofen-Museum (So. u. Fei. 11.00 bis 17.00 Uhr) in Untermarchtal (2,5 km westl.). Schloss Mochental (1730–1734; 4 km nördl.), ehemals Ruhesitz der Äbte von Zwiefalten, birgt heute ein **Besenmuseum** (Di. bis Fr. 10.00–12.00 u. 14.00–17.00, Sa. 14.00 bis 17.00, So. 10.00–17.00 Uhr) sowie eine Galerie moderner Kunst.

Veranstaltung: Brunnenspringen der Trommgesellen (Fastnachts-So. u. -Di.); **Brunnenfest** (Ende Aug.).

ⓘ Tourist-Info, Marktstr. 1, 89597 Munderkingen, Tel. 07393/59 81 01, Fax 59 82 60, neuburger@munderkingen.de, www.munderkingen.de.

Ehingen 4

Donaustadt (515 m, 25 000 Einw., 1343 bis 1805 habsburgisch) am Alb-Südrand.

Sehenswert: Marktplatz mit **Rathaus** (1714) und **Ständehaus** (1749), einst Sitz der vorderösterreichischen Landstände, heute Amtsgericht, **Marktbrunnen** (1987), **Ritterhaus** (1692), einst Sitz der Reichsritterschaft des Donaukantons. Die Stadtpfarrkirche **St. Blasius** (15./17./18. Jh.) birgt eine feine Rokoko-Ausstattung, die **Liebfrauenkirche** (15./18. Jh.) sieben typisierte Altäre (um 1726) und die **Konviktskirche zum Heiligen Herzen Jesu** (1712–1719) reiche Stukkaturen.

Museen: Städtisches Museum im ehemaligen Heilig-Geist-Spital (1340), Kasernengasse 6 (Mi. 10.00–12.00 u. 14.00–18.00, So. 10.00 bis 17.00 Uhr); **Römermuseum** in der Schule, Römerweg 38 (nach Vereinb., Tel. 07392/47 40).

Aktivitäten: Erlebnis-Freibad, Hallenbäder, Badeseen, Angeln, Tennis, Reiten, Squash, Modellflugsport; Winter Lifte u. Loipen.

Veranstaltungen: Fastnacht (Febr.); **Musiksommer** (Juni); **Sommer- und Kinderfest** (Juli); **Kirbe** (Sept.); **Jazz-Tage** (Okt.).

ⓘ Stadt Ehingen, Marktplatz 1, 89584 Ehingen, Tel. 07391/5 03-0, Fax 50 32 22, info@ehingen.de, www.ehingen.de.

Schelklingen 5

Ort (540 m, 7000 Einw.) an der Ach zwischen Blaubeurer Alb und Hochsträß.

Sehenswert: Burgruine **Hohenschelklingen**, **Schlossturm** (Apr.–Sept. 1. u. 3. So. 14.00 bis 17.00 Uhr). Attraktion sind die Fresken (Anfang 14. Jh. und 1508) der **St.-Afra-Kapelle** (um 1300) auf dem Friedhof. Das ehemalige Kloster **Urspring** (1127–1806, heute Landschulheim) liegt am Quelltopf der Ach (1 km westl.); Klosterkirche (1622–1627) mit ausgedehnter Nonnenempore im Westen.

Museum: Stadtmuseum im alten Spital (So. u. Fei. 14.00–16.00 Uhr, Anmeldung Tel. 07394/16 40).

Aktivitäten: Freibad, Tennis.

ⓘ Stadtverwaltung, Marktstr. 15, 89601 Schelklingen, Tel. 07394/2 48 20, www.schelklingen.de.

Blaubeuren 6

Die Stadt (504 m, 11 000 Einw.) am Ursprung der Blau entwickelte sich um das von den Pfalzgrafen von Tübingen 1085 gegründete Benediktinerkloster, seit 1556 humanistisches Gymnasium.

Sehenswert: Deutschlands wohl schönste Karstquelle ist der **Blautopf**. Am Ufer stehen die historische **Hammerschmiede** (1804; April–Okt. 9.00–18.00 Uhr) und das ehemalige **Kloster**: Die Kirche (1491–1499) birgt Werke der besten Künstler ihrer Zeit; die Klosterbauten (1466–1510) umfassen Badhaus, Kreuzgang, Brunnenkapelle, Kapitelsaal, Refektorium, Margarethenkapelle. In der **Stadtkirche** (1683/1902) spätgotischer Altar der Ulmer Schule; im Ort alte Fachwerkhäuser, darunter das **Rathaus** (1593/1923).

Museen: Heimatmuseum, Badhaus der Mönche, Klosterhof 11 (April–Okt. Di.–Fr. 10.00 bis 16.00, Sa./So. 10.00–17.00 Uhr); **Urgeschichtliches Museum** im ehemaligen Spital, Karlstraße 21 (März–Okt. Di.–So. 14.00–17.00, 1. Nov.–18. März Di. u. Sa. 14.00–17.00, So. 11.00–17.00 Uhr).

Aktivitäten: Freibad, Reiten, Segelfliegen, Tennis; Wintersport.

Veranstaltungen: Matinees im Rathaus (ganzj.); **Klosterkonzerte** (ganzj.); **Fronleichnamsumzug**; **Kinderfest** (Juli).

Umgebung: Zahlreiche Höhlen, darunter **Geißenklösterle** (1,2 km südwestl.), Fundstätte von über 30 000 Jahre alten Schnitzereien aus Mammut-Elfenbein.

ⓘ Tourismuszentrale Blaubeuren, Aachgasse 7, 89143 Blaubeuren, Tel. 07344/92 10 25, Fax 95 24 34, tourismuszentrale-blaubeuren@arcor.de, www.blaubeuren.de.

22 Ulmer Finanzpo

Alte Stadt mit neuen Akzenten

Vor den Toren der ehemals Freien Reichsstadt Ulm hat der Fortschritt nicht Halt gemacht. In der historischen Altstadt setzt das Stadthaus des Architekten Richard Meier neben dem überragenden gotischen Münster einen avantgardistischen Akzent. Die Forschungszentren der Universität arbeiten eng mit der Wirtschaft zusammen. Das Ulmer Theater bringt Klassiker wie moderne Stücke. An einer Tradition aber halten die Ulmer begeistert fest: dem Schwörmontag im Juli, an dem der Oberbürgermeister Rechenschaft ablegt und das Volk sich danach ausgiebig vergnügt.

Beim fröhlichen Wasserfestzug ›Nabada‹ auf der Donau am Schwörmontag werden Ulmer Ereignisse persifliert.

▲ ›Schönes Haus‹ im Fischer- und Gerberviertel

▼ Brunnen am Zundeltor

▼ Münster: ›Jüngstes Gericht‹ am Südostportal

▼ Backmodel im Museum der Brotkultur

▲ *Kontraste: altes Münster, neue Architektur*

▼ *Schwörmontag: Der Oberbürgermeister spricht*

Der Zweite Weltkrieg hat Ulms Altstadt fast völlig vernichtet. Dennoch gibt es zahlreiche Spuren einstiger Größe. Vom Stolz der Bürger kündet das gewaltige spätgotische Münster. 1377 begonnen, war es für 29 000 Menschen konzipiert, fast doppelt so viele wie die Stadt damals Einwohner zählte. Sein 161,60 Meter hoher, erst im Jahr 1890 vollendeter Kirchturm gilt als der höchste der Welt.

SPECIAL

Unser täglich Brot

Was man schon immer über Brot wissen wollte – im Museum der Brotkultur ist es zu erfahren. Zum Beispiel, dass man bereits vor etwa 6000 Jahren in Anatolien Getreide anbaute und Fladenbrote herzustellen wusste, die Pharaonen im alten Ägypten bereits Großbäckereien betrieben und der Teig mit den Füßen geknetet wurde, oder dass die Römer eine Vielzahl von Brotrezepten kannten und dem Teig Mohn, Sesam oder Anis zusetzten. Und schon im alten Griechenland dienten Wasserräder zum Antrieb von Mahlsteinen. Bis ins 20. Jahrhundert hinein wurden sie auch bei uns noch benutzt. Über 8000 Exponate, dazu Videos, Dioramen, bewegte Schaubilder und eine interaktive Multimediaschau führen die Bedeutung des Brotes in der Ernährung der Völker und seinen Einsatz gegen den Hunger in der Welt anschaulich vor Augen.

Zeitlose Ulmer Charakterköpfe

Bei einem flüchtigen Blick auf das Chorgestühl des Münsters meint man, in den Bänken Menschen sitzen zu sehen. Ja, man fühlt sich sogar aufgefordert zu einem Zwiegespräch mit ihnen. In den Gesichtszügen der holzgeschnitzten Büsten spielt das Licht, das gibt ihnen diesen so lebendig wirkenden Ausdruck. Für die Ausführung war Jörg Syrlin d. Ä. verantwortlich, als eine Art Generalunternehmer, wobei er die Arbeit auch auf andere Ulmer Werkstätten verteilte. Den Propheten, Aposteln und Heiligen der Bibel sowie Sibyllen, Dichtern und Philosophen der Antike standen um das Jahr 1470 in Ulm lebende Bürgerinnen und Bürger Modell: Gesichter, denen man noch heute auf den Straßen begegnen kann. In einem der Charakterköpfe hat sich Jörg Syrlin vermutlich selbst dargestellt.

▲ *Rathaus und ...* ▼ *... Astronomische Uhr* ▼ *Die ›Schöne Stube‹ im Kiechelhaus (heute Museum) zeugt vom vornehmen Lebensstil des Patriziats um 1600*

▲ *Freilichttheater im Grünen Hof* ▼ *Altes Kornhaus: Konzertsaal, Tagungs- und Ausstellungsraum*

Rigoros modern: Richard Meier

Konzessionslos hat der New Yorker Architekt Richard Meier mit dem weißen Stadthaus neben dem Münster einen modernen Akzent ins Stadtbild gesetzt. Vielen Ulmern behagte dieser schroffe Bruch mit den altvertrauten Bauformen nicht. Doch bei der Bürgerabstimmung siegten die Befürworter.

In der Umgebung der funktional-ästhetischen Gebäude auf dem Eselsberg, wo Forschung und Lehre ihren Standort haben, wirken Richard Meiers Bauten vom Daimler-Benz-Forschungszentrum für Mikroelektronik, Produktion und Umwelt, Werkstoffe, Informations- und Energietechnik weniger fremdartig. Doch auch hier ist seine Handschrift unverkennbar: eine Collage aus Kreissegmenten, Rechtecken, Dreiecken, Säulen und Pfeilern, klar gegliedert und locker geführt.

Ulm und seine Theater

Im Jahr 1641, während des Dreißigjährigen Kriegs, wurde in der Reichsstadt Ulm Deutschlands erstes Bürgertheater gegründet. Das heutige Theater aus dem Jahr 1969, ein plastisch durchgeformter Bau mit geneigten Flächen und scharfen Kanten, entwarf Fritz Schäfer. Besucherzahlen belegen: Das zwischen neuinszenierter Klassik und Moderne wechselnde Programm, Opern von Puccini und Wilfried Hiller, Ballette wie ›Schwanensee‹ und ›Annäherung an Ingeborg Bachmann‹, Schauspiele wie Goethes ›Clavigo‹ und ›Die Erlösung‹ von Hugo Claus, kommt an.

Nicht ganz so klein wie der Name vorgibt, aber ähnlich gemütlich ist das Theater in der Westentasche, wo auch Volksstücke in schwäbischer Mundart gespielt werden. Das Freilichttheater im Grünen Hof bietet, passend zur frohen Sommerzeit, Komödien, Ulms alternative Kulturszene auch Kabarett, Jazz und Rock.

Schwörmontag: Politik ...

Tradition wird am vorletzten Montag im Juli gepflegt, wenn sich ganz Ulm auf dem Weinhof vor dem Schwörhaus versammelt. Um Punkt elf Uhr erscheint in der Loggia der Oberbürgermeister. Er gibt seinen kommunalpolitischen Rechenschaftsbericht ab und gelobt, ›den Reichen und

▲ *Kloster Wiblingen: Rokoko in der Bibliothek, ...* ▼ *... später Barock in der Klosterkirche*

▲ *Schloss Erbach: Maria-Theresia-Salon*

▲ Kloster Wiblingen berherbergt heute u.a. Institute der Universität ▼ Privat: Schloss Klingenstein

den Armen ein gemeiner Mann zu sein, in allen gleichen, gemeinnützigen und redlichen Dingen‹. Diese Formel, mit der alljährlich seine Rede endet, ist sechseinhalb Jahrhunderte alt. Sie geht auf die Verfassung zurück, welche die wirtschaftlich erstarkten Zünfte den Patriziern 1345 abgetrotzt hatten.

... und Volksvergnügen

Die Schläge der Schwörglocke vom Münster verkünden das Ende des politischen Teils, und es beginnt das Volksfestvergnügen. Tausende säumen nun die Donauufer, wenn der Wasserfestzug ›Nabada‹ (Hinabschwimmen) vorüberzieht und in phantasievoller Weise lokale Ereignisse persifliert werden. Alle vier Jahre wird die Zeit um den Schwörmontag durch weitere Festlichkeiten bereichert, wie die alten Tänze der Fischer und Binder und den Zunftbrauch des Fischerstechens.

Die Abtei Wiblingen

Das Benediktinerkloster St. Martin in Wiblingen hat unruhige, aber auch glanzvolle Zeiten erlebt. Gegründet haben es die Grafen von Kirchberg bereits im Jahr 1093, deren Stammsitz die nahe Burg Oberkirchberg war. Ein verheerender Brand unterbrach 1271 für rund hundert Jahre die günstige Entwicklung. Doch dann begann eine lange Blütezeit: Vergrößerung des Landbesitzes und Aufschwung geistigen Lebens. Die bedeutendste Persönlichkeit war Abt Ulrich Halblüzel. Im 15. Jahrhundert machte er St. Martin zu einem der wichtigsten Reformzentren im deutschen Südwesten, förderte die Wissenschaft und die humanistische Bildung. Seit 1504 unterstand das Kloster österreichischer Landeshoheit, die Vogtei übertrug der Kaiser den Fuggern. Die Dauerfehde mit ihnen endete erst zweihundert Jahre später: Für seine Freiheit musste das Kloster auf viele seiner Güter verzichten. Immerhin reichte das Geld noch für den Bau einer vierflügeligen Klosteranlage mit einer prächtigen Kirche und dem Rokoko-Bibliothekssaal. Lebensgroße Figuren verkörpern die geistigen Wissenschaften und Tugenden. Über weltliche Aspekte des Klosters wie die Gerichtsbarkeit informiert seit 2005 eine Ausstellung in den ehemaligen Gästezimmern.

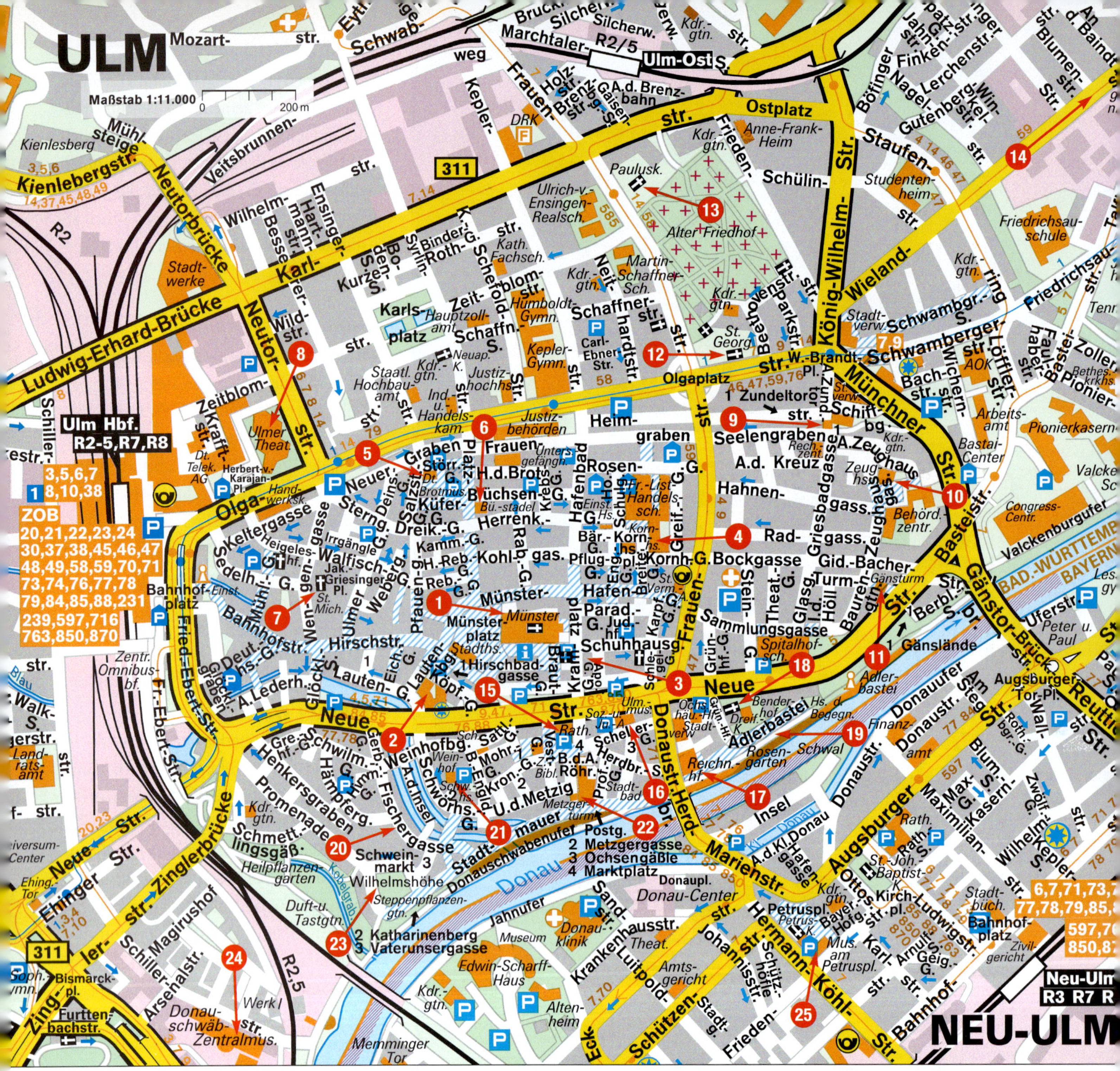

ULM
Maßstab 1:11.000
0
200 m
Ulm Hbf.
R2-5,R7,R8
ZOB
20,21,22,23,24
30,37,38,45,46,47
48,49,58,59,70,71
73,74,76,77,78
79,84,85,88,231
239,597,716
763,850,870
Ulm-Ost
Ostplatz
Olgaplatz
Alter Friedhof
Münster
Münsterplatz
Ludwig-Erhard-Brücke
Neutorbrücke
Kienlesbergstr.
Zinglerbrücke
Gänstor-Brücke
Herdbrücke
Donau
Neue Str.
Olgastr.
Frauenstr.
Karlstr.
Neutorstr.
König-Wilhelm-Str.
Münchner Str.
Basteistr.
Wielandstr.
Staufenring
Schwambergerstr.
Rosengasse
Hahnengasse
Radgasse
Bockgasse
Hirschstr.
Bahnhofstr.
Bahnhofplatz
Wilhelmshöhe
Schweinemarkt
1 Katharinenberg
2 Metzgergasse
3 Ochsengäßle
4 Marktplatz
Donaucenter
Donau-Klinik
Edwin-Scharff-Haus
Petrusplatz
Augsburger Str.
Marienstr.
Hermann-Köhl-Str.
Schützenstr.
Bahnhofplatz
Neu-Ulm
R3 R7 R8
NEU-ULM

64
94
108
74
Heroldstatt
BLAUBEUREN
Blaustein
ULM
SÖFLINGEN
NEU-ULM
Nersingen
Elchingen
SCHELKLINGEN
Allmendingen
ERBACH
Illerkirchberg
SENDEN
EHINGEN
Öpfingen
Oberdischingen
Mehrstetten
WIBLINGEN
Maßstab 1:200.000
0
3 km

Ulm/Neu-Ulm ①–㉕

TOP ZIEL Die Großstadt (117 000 Einw.) ist ein bedeutender Industriestandort, Messe- und Kongressplatz. Auf dem Eselsberg (nordwestl. außerhalb des Plans) liegen die Universität (5530 Studenten) samt 1,5 km Kunstpfad (Plastiken) u. Forschungszentren.

Altstadt-Rundgang: Das spätgotische **Münster** (1377–1890) ① mit dem hohen Turm (161,60 m) besitzt mehrere Meisterwerke der Spätgotik. Ein Kontrastbau nebenan ist das weiße **Stadthaus** von Richard Meier (1993), Veranstaltungs- und Informationszentrum. Der mächtige **Neue Bau** (1584–1593) ② diente früher als Kornspeicher. Zu den schönsten Bürgerbauten zählt das **Schuhhaus** (1537/38) ③ mit dem aufgelösten Staffelgiebel und mehrgeschossigen Erker. Einst Zunfthaus (Festsaal) u. Verkaufslager der Schuhmacher, dient es jetzt Kunstausstellungen. Stattliche Bürgerbauten sind auch das **Kornhaus** (1594) ④ mit Sgraffito-Putzquaderung, **Salzstadel** (1592) ⑤ und **Büchsenstadel** (1485) ⑥ in kunstvollem Fachwerk. Die größtenteils modern wiedererbaute Kirche **St. Michael zu den Wengen** ⑦ birgt eine spätgotische Kreuzigungsgruppe. Das **Theater** (1969) ⑧ entwarf Fritz Schäfer. Am Neuen Graben und am Frauengraben haben sich noch beträchtliche Reste der Befestigung samt **Grabenhäuschen** (1610) für die früheren Stadtsoldaten erhalten. Dazu gehören **Zundeltor** und **Seelturm** (14. Jh.) ⑨, Reste des **Zeughauses** (1522) ⑩ und der **Gänsturm** (1360) ⑪. Als Garnisonkirchen erbaut wurden **St. Georg** (1904) ⑫ und **St. Paulus** (1908–10) ⑬. Von der **Friedrichsau** ⑭ mit **Aquarium** und **Tropenhaus** bei der **Donauhalle** (Di.–So. 10.00–18.00 Uhr) bis zur Adenauerbrücke (südl. außerhalb der Stadtkarte) säumt ein Rundweg (7 km) an beiden Ufern die **Kunstlandschaft Donau** mit über 45 Großplastiken. Als Kaufhaus erbaut wurde das **Rathaus** (1370, ab 1419 Rathaus) ⑮ mit Kunstuhr (1520) und Fassadenmalerei (1540). Von Jörg Syrlin d.Ä. stammt der **Marktbrunnen** (1482). Vom vornehmen Lebenstil der früheren Patrizier zeugen das **Kiechelhaus** (um 1600) ⑯ mit Delfinbrunnen (1585) und der Komplex **Ehinger** oder **Reichenauer Hof** (1370/1535), **Grüner Hof**, **Ochsenhäuser Klosterhof** (1498) ⑰. Von der **Dreifaltigkeitskirche** (14./17. Jh.) ⑱ stehen nur noch Turm und Sakristei. Von der **Adlerbastei** ⑲ startete der ›Schneider von Ulm‹ seinen missglückten Gleitflug. Mittelalter-Atmosphäre hat das **Fischer- und Gerberviertel** ⑳ an der Blaumündung mit seinen Fachwerkbauten (15.–17. Jh.) wie Schiefem Haus und Zunfthaus der Schiffleute. Vom Balkon des **Schwörhauses** (1613/1954) ㉑ schwört der Oberbürgermeister auf die Stadtverfassung; davor **Christophorusbrunnen** (1584, Jörg Syrlin d.Ä.). Am Donauufer führt die Stadtmauer mit Wehrgang entlang; dazu gehört der **Metzgerturm** ㉒, Ulms schiefer Turm (Neigung 2,05 m); Abfahrt der Donau-Schiffahrt (Mai–Mitte Okt. Mo–Sa. 14.00, 15.00, 16.00, So./Fei. 13.00, 14.00, 15.00, 16.00, 17.00 Uhr). Bei der **Wilhelmshöhe** ㉓, ehemalige Bastion Lauseck, findet man verschiedene Gärten.

Museen: Ulmer Museum ⑯ im Kiechelhaus, Marktplatz 9, mit Kunstwerken von Mittelalter bis Neuzeit und wichtigen Prähistorischen Sammlungen (Di.–So. 11.00–17.00, Do. bis 20.00 Uhr, www.museum.ulm.de); **Museum der Brotkultur** ⑤ im Salzstadel, Salzstadelgasse 10 (tgl. 10.00–17.00, Mi. bis 20.00 Uhr, www.brotmuseum-ulm.de); **Naturkundliches Bildungszentrum** ④ im Kornhaus, Kornhausgasse 3 (Di.–So. 10.00–13.00 u. 14.00–16.00, Do. bis 19.00 Uhr, www.naturkunde-museum.ulm.de); **Donauschwäbisches Zentralmuseum** ㉔, Schillerstr. 1 (Di. bis So. 11.00–17.00 Uhr, www.dzm-museum.de). **Edwin-Scharff-Museum** ㉕ mit Werken des in Neu-Ulm geborenen Bildhauers, Hermann-Köhl-Str. 12 (Di., Mi., Fr., Sa. 13.00–17.00, Do. bis 19.00, So. 10.00–18.00 Uhr, www.edwinscharffmuseum.de); benachbart **Archäologisches Museum**, Petrusplatz 4 (Di., Mi., Fr., Sa. 13.00–17.00, Do. bis 19.00, So. 10.00 bis 18.00 Uhr, www.stmwfk.bayern.de/kunst/zweigmuseen/neuulm.html); **Dokumentationszentrum Oberer Kuhberg**, KZ-Gedenkstätte (Sa./So. 14.00–17.00 Uhr, südwestl. außerhalb des Plans, www.dzokulm.telebus.de).

Theater: Ulmer Theater (3 Sparten), **Freilichttheater im Grünen Hof** (Juli–Aug.), **Kleinkunst Theater in der Westentasche**, Herrenkellergasse 6, und **AuGus-Theater**, Silcherstr. 2, Neu-Ulm; Kindertheater **Ulmer Spielschachtel**, Wagnerstr. 1, und **Topolino** Figurentheater, Gartenstr. 13, Neu-Ulm.

Kulturszene: Roxy, Schillerstr. 1; Begegnungsstätte **Charivari**, Stuttgarter Str. 13; Jazzkeller **Sauschdall** und **CAT Café**, Prittwitzstr. 36; Donauturm, Valckenburgufer 25; **Café d'Art**, Augsburger Str. 35, Neu-Ulm.

Sport: Erlebnisbad Atlantis in Neu-Ulm, Frei- u. Hallenbäder, Angeln, Paddeln, Rudern, Kanufahren, Segeln, Surfen, Tennis, Inline-Skating, Golf, Reiten, Kunsteisbahn.

Märkte u. Veranstaltungen: Wochenmarkt, Münster- und Petrusplatz (Mi. u. Sa. 7.00 bis 13.00 Uhr); **Orgelkonzerte**, Münster (Ostern bis Okt. tgl. 12.00–12.30); **Abendmusik**, Münster (April–Nov. Sa. 19.00 Uhr 14-tgl.); **Paradekonzert**, Marktplatz (Mai–Sept. So. 11.00 Uhr); **Sonntagskonzert**, Glacis-Stadtpark Neu-Ulm (11.00 Uhr); **Zunftschmaus** am Saumarkt, Fischer- und Gerberviertel (Mitte Mai); Kulturfestival **›Ulmer Zelt‹** (Mai–Juli); Sommerliche **Musiktage** (Juni/Juli); **Rock und Jazz**, Glacis-Stadtpark Neu-Ulm (Juni–Aug. Fr. 19.00 Uhr); **Internationales Donaufest** (2-jährl. Juli, nächstes 2006); **Ulmer Volksfest** bis Schwörmontag (vorletzter Mo. im Juli, nach dem Schwur ›Nabada‹, Wasserfestzug auf der Donau); **Fischerstechen** (4-jährl. Juli, nächstes 2008); **Antiquitätentage** (Nov.); Weihnachtsmarkt (Advent).

ⓘ Tourist-Info, Stadthaus, Münsterplatz 50, 89073 Ulm, Tel. 0731/1612830, Fax 1611641, info@tourismus.ulm.de, www.tourismus.ulm.de.

Kloster Wiblingen ㉖

Die Benediktinerabtei (1093–1806), etwa 5 km vom Zentrum Ulms entfernt, ist jetzt Altenheim und Sitz von Instituten der Uni.

Sehenswert: Die jetzigen Bauten stammen aus dem 18. Jh. Ein Rokoko-Kleinod ist der **Bibliothekssaal**. Die spätbarocke **Kirche** lässt den Klassizismus schon ahnen. Seit 2005 Ausstellung über die Territorialgeschichte in den ehemaligen Gästezimmern des Klosters.

Veranstaltung: Wiblinger Bachtage (Juni).

ⓘ Kloster Wiblingen, 89077 Ulm-Wiblingen, Tel. 0731/5028975, Fax 5028925, info@kloster-wiblingen.de, www.kloster-wiblingen.de.

Erbach ㉗

Stadt (480 m, 10 000 Einw.) im Donautal.

Sehenswert: Das aus mittelalterlichem Adelssitz entstandene **Renaissance-Schloss**, die Pfarrkirche **St. Martin**.

Theaterei: Kleinkunst im Schloss.

ⓘ Gemeindeverwaltung, Erlenbachstr. 50, 89155 Erbach, Tel. 07305/96760.

Blaustein ㉘

Gemeinde mit 7 Dörfern in den Tälern von Blau, einer Lauter und auf dem Hochsträß.

Sehenswert: Die Schlösser **Klingenstein** (privat) und **Oberherrlingen** (privat; Kapelle von 1708 zugänglich) sowie **Ruine Arnegg**.

Aktivität/Veranstaltungen: Sole- u. Erlebnisbad Bad Blau; Theaterei, Kleinkunst in Blaustein, Oberherrlinger Str. 22.

ⓘ Bürgermeisteramt, Marktplatz 2, 89134 Blaustein, Tel. 07304/8020, Fax 802222, walter@blaustein.de, www.blaustein.de.

Im Land der Staufer

Nur rund 200 Jahre haben die Staufer die Geschichte des Reichs geprägt, trotz großer politischer Spannungen eine kulturelle Blütezeit: Um das Jahr 1100 ließ Herzog Friedrich, der erste Staufer, in Lorch ein Kloster bauen, in Schwäbisch Gmünd, der ältesten Stauferstadt, entstand die rätselhafte Johanniskirche und in Göppingen am Fuß des Hohenstaufen, nach dem sich die Dynastie benannte, ist ein lebensechter Barbarossakopf zu sehen. Moderne Industriegeschichte geschrieben haben dagegen Heubach und Geislingen an der Steige.

Trödelmarkt vor dem bedeutenden gotischen Heilig-Kreuz-Münster in Schwäbisch Gmünd.

▲ *Faurndaus Stiftskirche* ▼ *Göppingens Museum Storchen mit Kaiser Barbarossa* ▼ ▼ *Kloster Adelberg: Ulrichskapelle*

Beim Göppinger Maientag

Der Weg in die Vergangenheit führt durch das Voralbland und den burgenreichen Nordrand der Alb. Die sanft schwingende Landschaft mit ihren Wäldern, weiten Talmulden und den jäh aufragenden Vorbergen ist immer noch Stauferland – auch wenn sich die Zeiten seit damals gründlich geändert haben.

Wehrhafte Burg Staufeneck

Der gewaltige runde Bergfried der Burg Staufeneck bei Salach muss die Feinde damals mächtig beeindruckt haben. Noch heute reckt er sich trutzig 30 Meter in die Höhe, fensterlos bis auf ein paar Lichtschlitze. Von nahem bemerkt man, wie sorgsam die Steine geschichtet sind. Jede Lage hat die gleiche Höhe. Aber die Außenflächen der Steine sind nur roh behauen, und das hat seinen Grund: Diese Buckelquader waren nicht nur unzerstörbar, sie trugen auch zur besseren Verteidigung einer Burg bei.

Im Ernstfall war der Bergfried die letzte Zufluchtstätte der Burgbewohner. Wie hätte ein Feind, so er denn trotz der Pfeile und des heißen Pechs der Verteidiger bis zu dem Bergfried vorgedrungen war, eine Leiter an eine bucklige Mauer anlegen können, um daraufhin todesmutig den Turm zu erklimmen?

Begegnung mit zwei Staufern

Mit einiger Ergriffenheit wird man das ›lebensechte‹ Porträt einer Toten in Göppingens Städtischem Museum Storchen betrachten. Es zeigt das ruhige, abgezehrte Antlitz der Hildegard von Bar-Mousson, Mutter des ersten Stauferherzogs. Ihren Leichnam fand man um das Jahr 1892 zufällig in der von ihr gegründeten Kirche St. Fides in Schlettstadt im Elsass. Die Kalkschicht, mit der er umhüllt war – vermutlich starb sie an der Pest –, bildete eine Hohlform, die ausgegossen wurde. So erhielt man die ›Totenmaske‹.

Eine große Faszination geht auch von dem Bildnis ihres Urenkels aus, Kaiser Friedrich I. Barbarossa. Dieser so genannte Cappenberger Barbarossakopf – hier eine Kopie – ist das nach der ›Natur‹ geformte Porträt des selbstbewussten Herrschers auf der Höhe seiner Macht, ein großartiges Werk, im Jahr 1160 in Bronze gegossen.

▲ Schwäbisch Gmünd: Marktplatz mit ... ▼ ... Marienbrunnen und ... ▲ ... Johanniskirche

▼ Wachturm bei Lorch

▲ Am Rosenstein bei Heubach ▼ Blick von der Burgruine Hohenrechberg auf den Hohenstaufen

Göppinger Maientag

›Geh aus mein Herz und suche Freud' in dieser schönen Sommerzeit an deines Gottes Gaben …‹. Dieses volkstümliche Lied mit dem Text von Paul Gerhardt singt man am Maientag auf Göppingens Marktplatz. Darin klingt schon an, was seinen Geist ausmacht: Am 11. August 1650, als nach Ende des Dreißigjährigen Kriegs die letzten ausländischen Truppen abgezogen waren, wurde auf Weisung des württembergischen Herzogs im ganzen Land ein Friedensfest begangen. Den Göppingern gefiel das so gut, dass sie es Jahr für Jahr wiederholten.

SPECIAL

Von Monstern und Fabelwesen

Sich krümmende Ungeheuer mit breiten Tatzen und zahnbewehrten Mäulern lagern auf den Fenstersockeln, Kentauren besetzen die Deckplatten der Wandsäulen, Fabelwesen füllen die Rundbogenfriese. Was haben sie an christlichen Gotteshäusern – wie etwa an St. Johannis in Schwäbisch Gmünd – zu suchen? Wie sind sie zu deuten? Als biblische Mahner, die das Übel dem Erlöser, verkörpert in der Muttergottes mit dem Jesuskind und der Kreuzigungsgruppe, gegenüberstellen? Als Dämonen, die gebannt werden sollen, indem man sie beschwört? Man weiß es nicht, doch offenbar hat das Christentum des frühen 13. Jahrhunderts die heidnischen Relikte noch nicht ganz überwunden.

Höhepunkt ist der historische Festzug. Da tauchen römische Legionäre auf, eine alemannische Gruppe – die Männer mit Schilden und Kriegshelmen, die Frauen mit Speeren, alle rothaarig oder blond, wie man sich eben Germanen vorzustellen hat. Auch Landsknechte in typischer Kleidung und Kaiser Barbarossa hoch zu Ross mit seiner Gemahlin Beatrix von Burgund dürfen dabei nicht fehlen.

›Bändigt die Starken …‹

Auf der Höhe der Zeit war man hinten auf der Alb – in Sachen Mode. Trends wurden hier zwar nicht geschaffen, dafür aber Dinge mit sichtbarer Wirkung, die normalerweise unsichtbar sind. Auf witzige Art

▲ *Die Elefanten an Geislingens Forellenbrunnen erinnern an die Wappentiere der Stadtgründer*

▼ *St. Alban in Laichingen*

▲ *Pietà in Nenningen*

▲ Einst Kornhaus, jetzt Helmutmuseum: der Alte Bau in Geislingen ▼ Burgruine Reußenstein

gesagt: ›Bändigt die Starken, hebt die Gefallenen, vereinigt die Getrennten, ersetzt die Abwesenden.‹ Die Rede ist vom Modellieren des weiblichen Körpers mit dem Korsett. Aus den Hauswebereien, wie sie vielerorts auf der Alb üblich waren, entwickelte sich in Heubach ab dem Jahr 1859 die Korsettweberei und -schneiderei.

Bald setzten Mieder und BH der Marke ›Triumph International‹ zum Siegeszug um die Welt an. Heubachs Miedermuseum führt seine Entwicklung vor Augen – vom ganzfigurigen Panzer mit eingezogenen Stahlstangen und Schnürleibchen, als Wespentaillen gefragt waren, über die leichten Korseletts aus Seidencrêpe und Spitze bis zu den jetzigen elastischen Trikotagen und duftigen Gebilden. In der jeweiligen Mode gekleidete Puppen illustrieren die Miederepochen.

Heilwasser aus dem Filstal

Das Heilwasser der Adelheid-Quelle kennt man, abgefüllt in Flaschen, in ganz Deutschland. Herkunftsort ist Bad Überkingen. Das traditionsreiche Bad schmiegt sich in die bewaldeten Hänge des offenen, sonnigen Filstals. Schon im 12. Jahrhundert kannte man die Säuerling-Quelle. Das Badhaus, ein stattlicher Fachwerkbau, und der Neue Bau mit schöner Freitreppe, erinnern an die Badekultur des 16. Jahrhunderts. Beide bilden heute das noble Badhotel. Denn erst die im Muschelkalk in 600 Meter Tiefe erbohrten hoch mineralisierten Thermalquellen, die mit 40 Grad Wärme an die Erdoberfläche sprudeln, machten Überkingen zum modernen Badeort.

Florentinisches in Geislingen

Unter dem Schein der Lampen erstrahlt Italiens wohl berühmteste Tür in herrlichem Goldglanz – nicht in Florenz, sondern in Geislingen bei der Firma WMF. ›Paradiestür‹ nannte Michelangelo das Werk aus feuervergoldeter Bronze, das Lorenzo Ghiberti in den Jahren 1425 bis 1452 für das Baptisterium der Arnostadt schuf. In zehn Feldern mit 36 Szenen werden die bekanntesten Geschichten des Alten Testaments erzählt. Die Reproduktion von 1912 bewahrt Details, die auf dem Original durch Korrosion und Schadstoffeinwirkung inzwischen verschwunden sind.

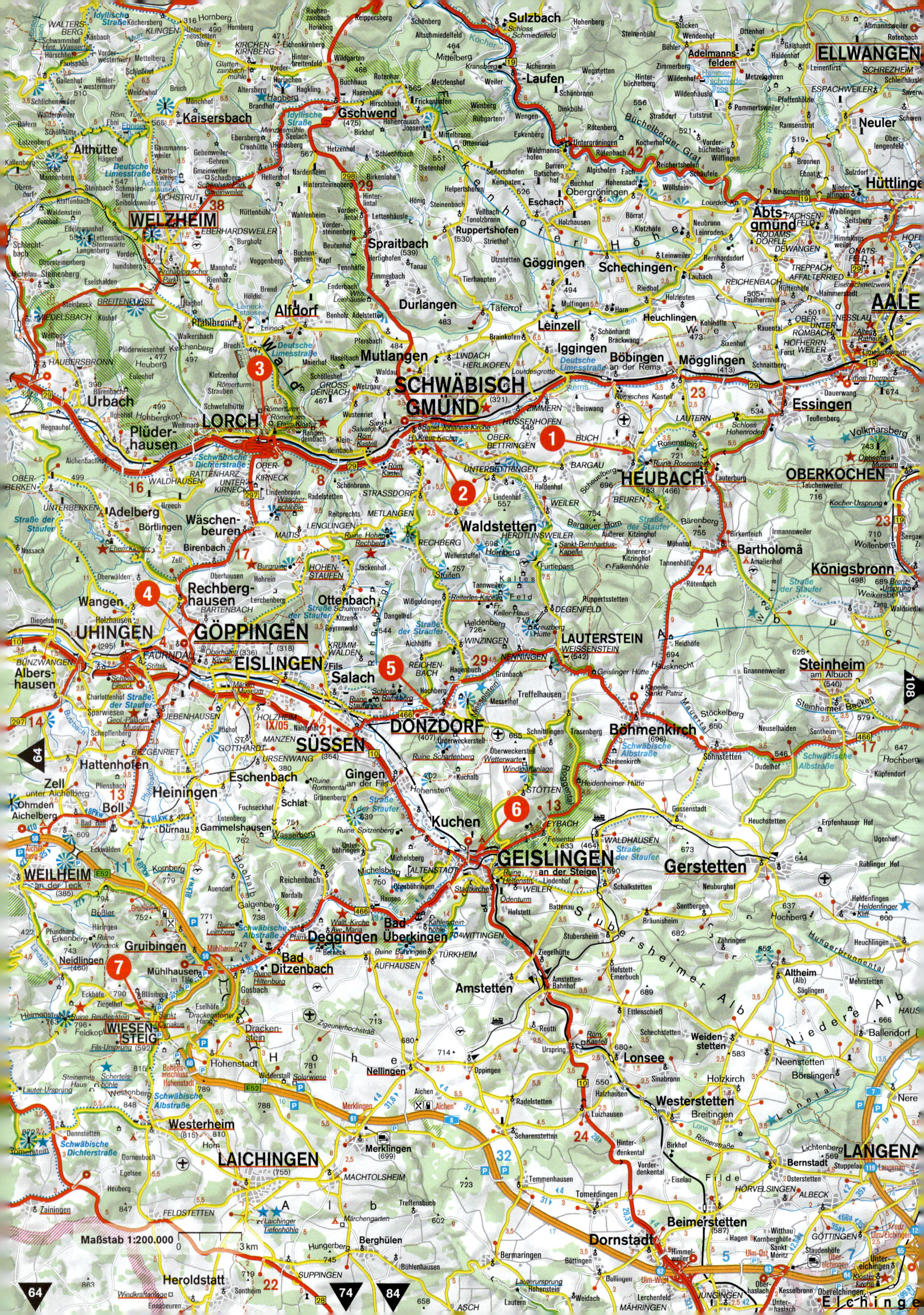

ELLWANGEN
Sulzbach
Laufen
Adelmannsfelden
Kaisersbach
Gschwend
Althütte
Welzheim
Abtsgmünd
Hüttlingen
Neuler
Spraitbach
Ruppertshofen
Göggingen
Schechingen
Alfdorf
Durlangen
Leinzell
Iggingen
Heuchlingen
Aalen
Mutlangen
Böbingen an der Rems
Mögglingen
Schwäbisch Gmünd
Urbach
Lorch
Plüderhausen
Essingen
Heubach
Oberkochen
Adelberg
Wäschenbeuren
Waldstetten
Bartholomä
Königsbronn
Birenbach
Wangen
Rechberghausen
Uhingen
Göppingen
Ottenbach
Eislingen
Salach
Lauterstein
Steinheim am Albuch
Albershausen
Donzdorf
Böhmenkirch
Süssen
Hattenhofen
Zell unter Aichelberg
Heiningen
Eschenbach
Gingen an der Fils
Ohmden
Aichelberg
Boll
Schlat
Kuchen
Gammelshausen
Weilheim an der Teck
Geislingen an der Steige
Gerstetten
Gruibingen
Deggingen
Bad Überkingen
Bad Ditzenbach
Neidlingen
Mühlhausen im Täle
Amstetten
Wiesensteig
Altheim (Alb)
Weidenstetten
Lonsee
Nellingen
Westerstetten
Westerheim
Laichingen
Merklingen
Langenau
Beimerstetten
Berghülen
Dornstadt
Heroldstatt
Elchingen
Maßstab 1:200.000
Schwäbische Albstraße
Straße der Staufer
Deutsche Limesstraße
Idyllische Straße
Schwäbische Dichterstraße

Infos

Heubach 1

Städtchen (460–500 m) am Rosenstein (686 m) mit Höhlen und Burgruine.

Sehenswert: **Stadtkirche** mit auf Holz gemaltem Passionszyklus (um 1530) und Fresko (Anf. 14. Jh.), im ehem. **Woellwarthschen Schloss** mittelalterliche Holzvertäfelung (2. Obergeschoss), **Fachwerk-Rathaus** (1581).

Museum: **Miedermuseum** im Heubacher Schloss (Di.–Fr. 9.00–12.00, Di., Mi. 15.00–18.00, Fr. 13.00–17.00, Sa. 9.00–13.00, So. 13.00–17.00 Uhr.

ⓘ Stadtverwaltung, Hauptstr. 53, 73540 Heubach, Tel. 07173/1810, Fax 18149, info@heubach.de, www.heubach.de.

Schwäbisch Gmünd 2

Um 1162 von den Staufern gegründete Stadt (321–781 m, 63 000 Einw.) im Remstal.

Sehenswert: Die **Altstadt** mit sechs Türmen der Stadtbefestigung, **Marktplatz** mit barocken Bürgerhäusern, **Neuem Rathaus** (1760), stattlichen Fachwerkhäusern wie **Grät**, **Amtshaus des Hl.-Geist-Spitals** (1497), **Kornhaus** (1507), romanischer **Johanniskirche** (um 1220). Meisterwerk der Parler-Sippe ist das **Heilig-Kreuz-Münster** (um 1300). Außerhalb liegt die Wallfahrtsstätte **St. Salvator**.

Museen: Der **Prediger**, einst Dominikanerkloster, ist heute Kulturzentrum mit einem reichhaltigen **Museum für Natur- und Stadtkultur**, Johannisplatz 3 (Di., Mi., Fr. 14.00 bis 17.00, Do. bis 19.00, Sa./So. 11.00–17.00 Uhr); **Silberwaren- und Bijouteriemuseum Ott-Pausersche Fabrik**, Milchgässle 10 (Mi. u. Sa. 14.00–17.00, So. 11.00–17.00 Uhr).

Aktivitäten: Freibad u. Badeseen, Spaßbad im Schießtal, Angeln, Tennis, Squash, Klettern, Reiten, Segelfliegen; Lifte u. 20 km Loipen im Skigebiet Kaltes Feld.

Veranstaltungen: **Int. Guggenmusikfestival** (Febr.); **Stadtfest** mit traditionellem Vierzigerfest (Juni); **Europäische Kirchenmusiktage** (Juli–Aug.); **Gmünder Herbst**.

ⓘ i Punkt Schwäbisch Gmünd, Marktplatz 37/1, 73525 Schwäbisch Gmünd, Tel. 07171/6034250, Fax 6034299, tourist-info@schwaebischgmuend.de, www.schwaebischgmuend.de.

Lorch 3

Die Stadt (265–477 m, 11000 Einw.) im mittleren Remstal entstand auf dem Gelände eines römischen Kastells.

Sehenswert: Oberhalb ehem. **Benediktinerkloster** (1102–1535/1806); in der romanischen Pfeilerbasilika Staufertumba (1475), im Kapitelsaal Rundbild zur Stauferzeit (30 mal 4,5 m, Apr.–Okt. 10.00–18.00, Nov. bis März 10.00–17.00 Uhr). Im Kern Fachwerkbauten: **Altes Rathaus** (1686), **Altes Pfarrhaus** (1679), **Schiller- u. Mörike-Haus**.

Museum: **Wäscherschlösschen** (um 1200) bei Wäschenbeuren (4 km südl.), **Staufer-Museum** (Ostern–Okt. Di.–Fr. 10.30–12.00 u. 13.30–16.00, Sa./So. 10.30–17.0 Uhr).

Aktivitäten: Badeseen, Golf.

ⓘ Verkehrsamt, Rathaus, Hauptstr. 19, 73547 Lorch, Tel. 07172/180119, Fax 180159, tourist@stadt-lorch.de, www.stadt-lorch.de.

Göppingen 4

Die Stadt (319 m, 56 000 Einw.), heute wichtiger Industriestandort, liegt am Fuß des Hohenstaufen (684 m).

Sehenswert: Die **Rebenstiege** in dem für Herzog Christoph von Württemberg errichteten Renaissance-Schloss (1554–1569), jetzt Finanzamt. **Oberhofenkirche** (ab 1436) mit beachtlicher Ausstattung der Spätgotik und in der Eingangshalle einziger Ansicht der Burg Hohenstaufen. Bedeutender Bau der Spätromanik (um 1200/1220) ist die ehem. **Stiftskirche** im Stadtteil Faurndau.

Museen: **Städt. Museum** im ›Storchen‹ (Di. bis Sa. 13.00–17.00, So./Fei. 11.00–17.00 Uhr); **Märklin-Museum**, Holzheimerstr. 8, mit Modelleisenbahnen (Mo.–So. 9.00–17.00 Uhr, Fei. geschl.); **Jüdisches Museum** in der Alten Kirche Jebenhausen (Mi., Sa. 13.00 bis 17.00, So. u. Fei. 11.00–17.00 Uhr); **Dokumentationsraum für staufische Geschichte** (tgl. 8.30 bis 12.00, 14.00–17.00 Uhr) in Hohenstaufen (9 km nördl.).

Aktivitäten: Frei- und Hallenbad, Drachen- und Segelfliegen, Reiten, Squash, Tennis, Kunsteisbahn; im Winter Loipen; in Adelberg Sport- und Erholungszentrum.

Veranstaltungen: **Maientag** (Mai/Juni); **Freilichttheater** Kloster Adelberg (Juni–Aug.); **Klosterfest** Adelberg (1. Sept.-Wochenende).

Umgebung: Früheres Prämonstratenserkloster (1178–1565) **Adelberg** (10 km nordwestl.): gotische Ulrichskapelle (um 1500) mit Zeitblom-Altar (1511), Naturkundliches Info-Zentrum (April–Okt. Di.–So. 14.00–17.00 Uhr).

ⓘ i punkt im Rathaus, Hauptstraße 1, 73033 Göppingen, Tel.07161/650292, Fax 650299, ipunkt@goeppingen.de, www.goeppingen.de.

Donzdorf 5

Bereits im 13. Jh. besaßen die Grafen von Rechberg den jetzigen Ferienort (406 bis 749 m, 11 500 Einw.) im Lautertal.

Sehenswert: **Martinuskirche** (1490/1778) mit Grabsteinen der Rechberg (ältester 1348); **Renaissance-Schloss** der Grafen von Rechberg und Rothenlöwen.

Aktivitäten: Frei- u. Hallenbad, Reiten, Tennis, Golf, Motor- u. Segelfliegen, Drachenfliegen;Skilifte u. Loipen; Astronomischer Lehrpfad (7 km); Spiel- und Freizeitpark Schurrenhof.

Umgebung: In **Nenningens** (3 km östl.) Friedhofskapelle Pietà Ignaz Günthers (1774).

ⓘ Stadtverwaltung, Schlossstr. 1–4, 73072 Donzdorf, Tel. 07162/922301, Fax 922521, stadt@donzdorf.de, www.donzdorf.de.

Geislingen an der Steige 6

Die im frühen 11. Jh. durch die Grafen von Helfenstein gegründete Stadt (463 m, 28 000 Einw.) ist weitgehend modern mit Industrieanlagen.

Sehenswert: Spätgotische **Stadtkirche** mit Flügelaltar (1520) und Chorgestühl (1512, Jörg Syrlin d.J.), **Alter Bau** und **Alter Zoll** (15. Jh.). **Forellenbrunnen** (1982). Burgruine **Helfenstein**, Ödenturm (um 1400).

Museum: **Heimatmuseum** im Alten Bau (Mai bis Anf. Nov. Di.–So. 15.00–17.00 Uhr).

Aktivitäten: Frei- u. Hallenbad, Reiten, Tennis, Drachenfliegen; Lifte, Loipen; in Bad Überkingen (3 km südwestl.) Bäder, Golf.

Markt u. Veranstaltungen: **Pferdemarkt** (Faschings-Di.); **Helfensteinfestival** (Juni); **Stadt- u. Kinderfest** (3 Tage vor Sommerferien); in Bad Überkingen **Blätzlesfest** (Mai, 2-jährl., nächstes 2007), **Bronnafeschd** (letztes Juni-Wochenende).

ⓘ Bürgerservice Stadtinformation, Schlossgasse 3, 73312 Geislingen an der Steige, Tel. 07331/24279, Fax 24202, touristinfo@geislingen, www.geislingen.de.

Wiesensteig 7

Das Städtchen (585–750 m) im Filstal war bis 1627 Helfensteinsche Residenz.

Sehenswert: **Residenzschloss** (15. Jh.), spätgotische Stiftskirche **St. Cyriakus** mit frühklassizistischem Saal.

Aktivitäten: Freibad, Tennis; Lifte und Loipen; Gleitschirm- und Segelfliegen in Bad Ditzenbach/Laichingen; Klettern, Fahrradtouren.

Umgebung: Auf steilem Fels thront die Burgruine **Reußenstein** (4 km westl.). **Laichingen** (13 km südl.) hat die Kirchenfestung St. Alban mit Weberei- u. Heimatmuseum im Heiligenhaus (So./Fei. 13.00–17.00 Uhr).

ⓘ Verkehrsamt, Hauptstr. 25, 73349 Wiesensteig, Tel. 07335/96200, Fax 962024, info@stadt.wiesensteig.de, www.wiesensteig.de.

Reich an Kultur und Natur

Auch heute noch etwas abgeschieden wirkt die Ostalb. Um so mehr erstaunen die baugeschichtlichen Kostbarkeiten – hier ist uraltes Kulturland: An die Römer erinnert Aalen, an die Staufer Burgen, aus denen später Schlösser wurden, an geistliche Barockfürsten die alte Residenzstadt Ellwangen, an Klosterherrlichkeit die Abtei Neresheim. Geologisch interessant ist eine Wanderung durch das Steinheimer Becken.

›Steinerne Jungfrau‹ und andere bizarre Felsgebilde säumen das von der Brenz durchflossene Eselsburger Tal bei Herbrechtingen.

▲ *Alemannischer Schmuck im Giengener Stadtmuseum*

▼ *Frickingen: Burg Katzenstein*

▲ *Schloss Brenz zeigte eine schöne heimatkundliche Ausstellung*

▲ Die Klosterkirche Neresheim liegt … ▼ … am Rand des Naturschutzgebietes Zwing

Von eigenwilligem Reiz ist die Ostalb: die Täler von Rems, Kocher und Brenz mit schmucken kleinen Städten, ehemalige Adelresidenzen zumeist, die karge, wellige Hochfläche des Härtsfelds mit den ausgedehnten Wacholderheiden, und der im Norden dichtbewaldete Albuch mit seinen Heidehöfen und botanischen Besonderheiten.

Am ›Strand‹ der Alb

Von Gerstetten auf der Heidenheimer Alb ist es nicht weit zum einstigen Strand des Jurameers. Über die niedrige Flächenalb hinweg blickt man auf das nunmehr bewaldete, in Jurakalksteine geschnittene Kliff bei Heldenfingen, Teil der ehemals 200 Kilometer langen Strandlinie vom Nördlinger Ries bis in den Hegau. Von dem Meer, das vor 20 Millionen Jahren das Land zwischen Alpen und Schwäbischer Alb bedeckte, sind immer noch die Löcher zu erkennen, die Bohrmuscheln und Bohrschwämme in den hellgrauen Kalkstein getrieben haben. Sie wirken so frisch, als seien die Wellen erst gestern gegen die Felsen gebrandet.

Die damalige Küste am Südrand der Alb wäre ein ideales Urlaubsgebiet gewesen: landschaftlich sehr abwechslungsreich mit schroffen Steilküsten, dazwischen immer wieder kleine Sandstrände, im Binnenland dichte Urwälder mit einer üppigen Flora und Fauna. Man hätte das ganze Jahr über baden können, die Durchschnittstemperatur betrug zu jener Zeit 16 bis 18 Grad Celsius.

Alle Himmel offen: Neresheim

›Neresheim, du arme Stadt, die nur zwei Laternen hat.‹ Dieser böse Spruch gilt nicht mehr, seit sich auf dem Ulrichsberg, erhaben über dem Ort, die schlossartige Benediktinerabtei St. Ulrich und Afra ausbreitet und der Glockenturm von Balthasar Neumanns Kirche in den hohen Himmel weist.

Im Innern öffnen sich imaginäre Himmel, siebenfach in sieben Kuppeln, Raumillusionen von unendlicher Tiefe. Der Maler Martin Knoller hat sie in virtuoser Beherrschung der Perspektiven geschaffen: Szenen aus dem Leben Jesu in kräftigen leuchtenden Farben, vom Zwölfjährigen, der die alten schriftgelehrten Männer be-

▲ *Einst Wehrburg, dann Barockschloss: Baldern*

▼ *Herlin-Altar von 1472 in Bopfingens Stadtkirche*

▼ *Schafherde bei Bopfingen*

▲ Prunkvoller Rahmen: Kaisersaal auf Schloss Baldern

▲ Deutschordensritter: Deckengemälde in der Kapfenburg

lehrt, bis zu seiner Auferstehung in strahlender Schönheit. Die Grausamkeiten von Golgatha bleiben dabei ausgespart.

In der Hauptkuppel die Heilige Dreifaltigkeit und pastellfarben der Himmel mit allen Heiligen und der sternenbekrönten Maria Immaculata. An exponierter Stelle die heilige Afra, die Büßerin mit verführerischem Dekolleté: Sie genoss ein liederlich-heiteres Leben, ehe sie alle ihre Kunden zum wahren Glauben bekehrte.

Ordensschloss auf hohem Fels

Baufreudig und auf Repräsentation bedacht waren zurzeit der Renaissance und des Barock auch die Herren des Deutschen Ordens. Von steilem Bergsporn überblickt die Kapfenburg das Städtchen Lauchheim. Sie war Festung, Wirtschaftsbetrieb, Kloster und Residenz zugleich.

Im kreuzgewölbten, reich stukkierten Rittersaal stellen sich die geistlichen Herren, die Hochmeister und Komture, zur Schau – mit ihren Porträts in typischer Ordenskleidung, dem weißen Mantel mit schwarzem Kreuz, und ihren Wappen, gehalten von geflügelten, barbusigen Genien. Frauengestalten symbolisieren auch die vier Elemente und die vier Erdteile, und von der Jagdleidenschaft der Ritter zeugen lebhafte Tierdarstellungen in Stuck.

Bizarre Felsnadeln im Wental

Sie heißen ›Hirschfelsen‹, ›Wentalweible‹ und ›Spitzbubenstadel‹, die Felsklötze rechts und links des Wegs. ›Hohle Zähne‹ werden diese eigentümlichen Felsnadeln auch genannt, für die es eine geologische Erklärung gibt: In Millionen von Jahren sammelten sich im breiten Wental alle Niederschläge von der Höhe des Albuchs. Das Wasser strömte als reißender Fluss weiter bis ins Steinheimer Becken nordwestlich von Heidenheim und wusch auf seinem Weg die harten Dolomitfelsen heraus, deren bizarre Formen in Zusammenklang mit Wiesen und hohen Fichten diesem Gebiet seinen Reiz verleihen.

Heute versickert das Regen- und Schmelzwasser in dem Gesteinsuntergrund und fließt nur noch zum kleinen Teil an der Erdoberfläche ab. Daher wird sie nur wenig abgetragen, und die uralten, staunenswerten Formen bleiben erhalten.

▲ Renaissance-Schloss Hellenstein (1598 – 1620) in Heidenheim

▲ Heidenheims Fest der Schäfer

▼ Königsbronner Rathaus

▼ Brunnen mit der Knöpfleswäscherin in Heidenheims Hauptstraße

▲ Felsenmeer bei Steinheim am Albuch

Besuch aus dem All

Ein geologischer Pfad führt durch das Steinheimer Becken mit einem Durchmesser von 3,5 Kilometern. Nicht durch vulkanische Tätigkeit ist es entstanden, wie man früher annahm, sondern durch den Aufprall eines Meteoriten, der das Gestein der Albhochfläche bis in 120 Meter Tiefe zerschlug. Das war vor rund 14,7 Millionen Jahren.

Das aus dem Wental abfließende Wasser bildete in der Vertiefung einen See. Zeugen dieser Überflutungen sind die abgelagerten Schneckenhäuschen, die man am Weg finden kann, lose umherliegend oder mit dem Sedimentgestein verbacken. Fossilien aus dieser Zeit zeigt das Meteorkrater-Museum: Fische, Frösche, Reste von Säbelzahntigern, einen weiblichen Gabelhirsch in Fundlage im Sandblock und den Panzer einer Wasserschildkröte – alle rund 14 Millionen Jahre alt.

SPECIAL

HAP – Künstler der Alb

Sein Werkzeug war das Messer, sein Material das Holz – als Druckstock. Gries, le vieux, Wasserträger G. – so signierte er seine Bilder, am häufigsten aber HAP Grieshaber (Helmut Andreas Paul). In einer sehr persönlichen, spannungsreichen Formensprache mit flächiger Farbgebung schilderte er die heimatliche Landschaft und das Verhältnis von Mensch und Natur. Historische Themen dienten ihm als Vorlage für einen Spiegel der Gegenwart. Seine Holzschnitte erreichten bisweilen die Ausmaße von Wandgemälden, einmalig in der europäischen Kunst. Das Kunstmuseum in Heidenheim besitzt eine umfangreiche Sammlung von Plakaten des vielseitigen Künstlers, der bis zu seinem Tod im Jahr 1981 auf der Achalm bei Reutlingen lebte.

Konvex, konkav: Oberkochen

Alles begann mit dem ›Lesestein‹, einem halbkugelig geschliffenen Quarz oder wasserhellen Bergkristall, der als Sehhilfe, zum Vergrößern feiner Handschriften, diente. Das war im 11. Jahrhundert. Später hielt man einen flach geschliffenen Stein direkt vors Auge, bis man konvexe und konkave Linsen aus Glas zu schleifen verstand und schließlich in Gestellen zu befestigen wusste.

▲ Aalen: Markt mit Altem Rathaus, Kaiser-Joseph-Brunnen

▲ Saurier im Urweltmuseum Aalen

▲ Kaiser Trajan im Limesmuseum Aalen

▼ Wasseralfingen: Schaffner-Altar (Stephanuskapelle)

▼ Die Marienburg oberhalb von Niederalfingen

Dann wurden Fernrohr und Mikroskop erfunden – Instrumente, die die ganze Welt veränderten.

Mit der Übersiedlung der Firma Carl Zeiss von Jena nach Oberkochen nach dem Zweiten Weltkrieg entwickelte sich das kleine Bauerndorf zu einem Industriestädtchen von Weltruf. Das Museum der Zeiss-Werke zeigt einige tausend Brillen, eine merkwürdiger oder kostbarer als die andere, Fernrohre, darunter sieben Meter lange Exemplare – einige stammen aus dem Besitz Napoleons –, und optische Geräte, die amerikanische Astronauten auf dem Mond benutzt haben: technische Optik und Elektronik mehrerer Jahrhunderte.

Was von den Römern blieb

Statuen von Kaisern, Göttern und Quellnymphen, Altäre mit Weiheinschriften, Grabsteine von Legionären mit deren Bildnis in Vollrelief, kunstvoll geschmiedete Panzerhemden, aber auch Werkzeuge von Zimmerleuten, Schmieden und Sattlern sowie Tonkrüge und anderes Tafelgeschirr – in Aalen wird die Römerzeit lebendig. Das Limesmuseum steht auf der ›via principalis‹, der Lagerhauptstraße des größten römischen Reiterkastells nördlich der Alpen. In 24 Turmkasernen waren einst 1000 Reiter des Regiments *Ala II Flavia milliaria* untergebracht, und in den Stallungen standen 1115 Pferde. Mauern des Stabsgebäudes und eines der Kastelltore mit zwei Durchfahrten sind zu sehen.

Die Einheimischen, meist keltischen Ursprungs, wurden mit einbezogen in die hohe Kultur ihrer Besatzer. Kneipen, Raststätten, Theater, Werkstätten, Bäder waren Mittelpunkte des gemeinsamen Alltags. Aus solchen Zivilsiedlungen (›vici‹) bei der Garnison ist die Stadt Aalen entstanden, ähnlich wie Rottweil, Rottenburg und Baden-Baden.

An der Teufelsmauer

Von Aalen ist das Lagerdorf am Limes bei Rainau-Buch eine knappe Gehstunde entfernt. Teufelsmauer wird der steinerne rätische Grenzwall genannt, auf sieben Meter Länge hat man ihn originalgetreu rekonstruiert. Am Ufer des größten Stausees im Ostalbkreis, Mittelpunkt eines Erholungsgebiets, trifft man auf Reste eines

▲ *Ellwangen: Schloss der Fürstpröpste ...*

▲ *Barock: das Treppenhaus von Schloss Ellwangen*

▼ *... und die Adler-Apotheke*

▲ *Kleinod in der Schrezheimer Antoniuskapelle: Fayence-Altärchen vor dem linken großen Barockaltar*

▲ *Ellwangen: Stiftsherrenhäuser am Marktplatz, ...*

▼ *... Wallfahrtskirche auf dem Schönenberg*

Kohortenkastells sowie weiterer Steinbauten, Fundamente von Bädern und einer Ziegelei sowie 13 holzverschalte Schöpf- und Ziehbrunnen, bis zu 10,5 Meter tief, Fundstellen verschiedener Bronzegefäße, von Eisenwerkzeugen, Waagen, Bronze- und Holzfigürchen.

Einzigartig am gesamten Limes ist das Ende des 2. Jahrhunderts in Stein errichtete Torgebäude beim nahen Dalkingen mit einer architektonisch reichgegliederten, rautenverzierten Blendfassade. Damals stand hier eine überlebensgroße Statue des Kaisers Caracalla (Reste im Limes-Museum).

SPECIAL

Das Fest der Feste

Wenn nach Dreikönig die Hufe klappern und bis zu 300 aufwändig geschmückte Pferde einzeln oder im Gespann im Schritt durch Ellwangens Straßen ziehen, dann findet in dem Städtchen an der Jagst der Kalte Markt statt: für viele Bürger seit fast 650 Jahren das Fest der Feste. Der Pferde- und Rindermarkt, auf dem heute auch Maschinen verkauft werden, wurde erstmals im Jahr 1353 als ›kalter messtag‹ erwähnt. Nomen est omen: Oft sinken die Temperaturen in dieser zweiten Januarwoche unter null Grad. Zur Erwärmung und Stärkung der Teilnehmer werden dampfende Kutteln gereicht, und nach altem Brauch die Honoratioren vom Oberbürgermeister zum Kuttelessen eingeladen. Mit einer Bauernkundgebung zu einem aktuellen agrarpolitischen Thema und einem Krämermarkt endet der Kalte Markt dann jeweils am Mittwoch.

Ellwangens gute Stube

Vornehm wirkt Ellwangens Marktplatz, als herrschten hier noch immer die einflussreichen Fürstpröpste vergangener Jahrhunderte. Die spätromanische Stiftskirche St. Veit kehrt ihre Schauseite dem Marktplatz zu. Dennoch dominiert der Barock: prachtvoll geschmiedete Eisengitter an den Balkonen des repräsentativen früheren Stiftsrathauses, das stattliche Bauensemble des ehemaligen Heilig-Geist-Spitals und vor allem die vornehmen Stiftsherrenhäuser mit ihren geschwungenen Giebeln, den farbig gefassten, goldblinkenden Wappen und Madonnen.

ELLWANGEN
Neuler
Rainau
Abtsgmünd
Hüttlingen
Westhausen
WASSERALFINGEN
AALEN
LAUCHHEIM
Unterschneidheim
Wallerstein
BOPFINGEN
NÖRDLINGEN
Mögglingen
Essingen
UNTERKOCHEN
OBERKOCHEN
NERESHEIM
Bartholomä
Königsbronn
Steinheim am Albuch
HEIDENHEIM an der Brenz
Nattheim
Dischingen
Böhmenkirch
Syrgenstein
GIENGEN an der Brenz
Bachhagel
Wittislingen
Gerstetten
HERBRECHTINGEN
Hermaringen
DILLINGEN an der Donau
LAUINGEN (Donau)
GUNDELFINGEN an der Donau
Sontheim an der Brenz
NIEDERSTOTZINGEN
Weidenstetten
Westerstetten
LANGENAU
Offingen
GÜNZBURG
LEIPHEIM
BURGAU
Beimerstetten
Dornstadt
Elchingen
Schwäbische Albstraße
Straße der Staufer
Romantische Straße
Deutsche Limesstraße
Maßstab 1:200.000
3 km

Infos

Ellwangen 1

TOP ZIEL Erholungsort (424–542 m, 25 000 Einw.) im Jagsttal, der den Charakter einer geistlichen Fürstenresidenz bewahrt hat.

Sehenswert: Spätromanische Stiftskirche **St. Veit** (1182–1233), innen barockisiert; evangelische **Stadtkirche** (1724–1729) mit schönen Deckenmalereien, **Palais Adelmann** (1688), **Marktplatz** mit barocken Stiftsherrenhäusern, **Haus Zimmerle** mit Fassadenmalerei (1896), **Wallfahrtskirche** auf dem Schönenberg (1682, beste Stukkaturen); **Antoniuskapelle** (1729) in Schrezheim (2 km südwestl.).

Schloss/Museen: Schloss ob Ellwangen, ehem. Residenz (1354; 1603–1608) der Äbte und Fürstpröpste (Di.–Fr. 14.00–17.00, Sa./So. 10.00–12.00 u. 14.00–17.00 Uhr) mit Laubengängen und Schlosskapelle (1723) sowie **Schlossmuseum** (Öffnungszeiten wie Schloss); **Alamannenmuseum** mit Grabungsfunden aus ganz Süddeutschland, Haller Str. 9 (Di. bis Fr. 10.00–12.30, 14.00–17.00, Sa. u. So. 10.00–17.00 Uhr).

Aktivitäten: Hallen-Wellenbad, Wassersport im Ellwanger Seenland, Angeln, Segelfliegen, Tennis, Squash; im Winter Loipen.

Märkte u. Veranstaltungen: Kalter Markt, Pferdemarkt mit Umzug (Jan.); **Frühlingsfest** (Mai); **Heimattage** (Juli); **Schlosskonzerte** (Juni–Sept.); **Ellwanger Reitertage** (Sept.); **Kunst- und Antiquitätenmarkt** (Nov.).

ⓘ Tourist-Info, Spitalstr. 4, 73479 Ellwangen, Tel. 07961/8 43 03, Fax 5 52 67, info@ellwangen.de, www.ellwangen.de.

Aalen 2

Die Stadt (374–732 m, 66 000 Ew.), eine Gründung der Staufer, ging aus der Zivilsiedlung beim römischen Reiterkastell hervor (Kavallerie-Einheit = Ala = Aalen).

Sehenswert: Historisches Zentrum mit spätbarocker **Johanniskirche** (1765), **Altem Rathaus** (17. Jh.) und **Marktbrunnen** mit Standbild Kaiser Josephs I., **Schloss Fachsenfeld** mit Schlosspark und Café (Sa., So. u. Fei. 10.00–12.00, 14.00–17.00 Uhr).

Museen: Urweltmuseum für Geologie und Paläontologie, Reichsstädter Str. 1 (Di.–So. 10.00–12.00, 14.00–17.00 Uhr); **Museum am Markt**, Marktplatz 4 (Di.–So. 14.00–17.00, Do. bis 19.00 Uhr); **Limesmuseum** mit Reiterkastell-Freigelände, St.-Johann-Str. 5 (Di. bis So. 10.00–12.00 u. 13.00–17.00 Uhr), und Archäologischem Park; **Museum Wasseralfingen**, Bürgerhaus, Stefansplatz 5 (Okt. bis März Di.–So. 10.00–12.00 u. 14.00–17.00 Uhr); **Besucherbergwerk Tiefer Stollen** bei Wasseralfingen (April–Okt. Di.–So. 9.00 bis 12.00 u. 13.00–16.00 Uhr); in Oberkochen (7 km südl.) **Optisches Museum** der Fa. Carl Zeiss, Am Ölweiher 15 (Mo.–Fr. 10.00–13.00 u. 14.00–16.00, So. 9.00–12.00 Uhr). **Limes-Freilichtmuseum** (Rundweg ca. 4 km) im Erholungszentrum Rainau-Buch (8 km nördl.).

Aktivitäten: Frei- u. Hallenbad, Limes-Thermen, Tennis, Squash, Reiten, Wassersport, Segel- u. Drachenfliegen, Ballonfahrten, Kunsteisbahn, Lifte u. Loipen; Geologischer Lehrpfad u. Bergbaupfad in Wasseralfingen; Karstquellenweg (15 Stationen) von Oberkochen nach Königsbronn.

Veranstaltungen: Frühlingsfest (Mai); **Freilichttheater** (Juni–Aug.); **Brückenfest** (Juli); **Reichsstädter Tage** (Sept.); **Römertage** (2-jährl., nächstes 2006); **Jazzfest** (Nov.).

ⓘ Touristik-Service, Marktplatz 2, 73430 Aalen, Tel. 07361/52 23 58, Fax 52 19 07, touristik-service@aalen.de, www. aalen.de.

Bopfingen 3

Stadt (468–668 m, 12 500 Einw.) am Fuß des Ipf mit keltischer Befestigungsanlage.

Sehenswert: Altstadt mit frühgotischer **Stadtkirche** (12. Jh.), **Fachwerk-Rathaus** und **Amthaus** (1585) am **Marktplatz**; im Stadtteil Flochberg **Burgruine** (12. Jh.) und barocke **Wallfahrtskirche** (1738, innen 1871–1925).

Museen: Seelhaus (1505, Fachwerk), Spitalplatz 1 (April–Okt. Di.–Fr. 14.00–16.00, Sa./So. 14.00–17.00, Nov.–März Sa./So. 14.00 bis 17.00 Uhr); **ehemalige Synagoge Oberdorf** (März–Okt. Sa./So. u. Fei. 14.00–16.00, Nov.–Feb. So. 10.00–14.00 Uhr).

Aktivitäten: Frei- u. Hallenbad, Angeln, Tennis, Squash, Reiten, Drachen- u. Segelfliegen; Lifte und Loipen.

Veranstaltungen: Ipfmesse, Jahrmarkt (1. Juli-Sa.); in Lauchheim **Burgfest** auf Schloss Kapfenburg (Mai), **Hohes Fronleichnamsfest**, Stadtfeiertag (Juli).

ⓘ Stadt Bopfingen, Marktplatz 1, 73441 Bopfingen, Tel. 07362/8012, tourismus@bopfingen.de, www.bopfingen.de.

Neresheim 4

TOP ZIEL Ort (504 m) um die 1095 als Chorherrenstift gegründete jetzige Benediktinerabtei.

Sehenswert: Die **Abteikirche** (1745–1792) von Balthasar Neumann (Konzerte Juni–Sept.).

Museen: Härtsfeldmuseum im Vogthaus (1620), Hauptstr. 22 (Apr.–Okt. So. 10.00–17.00 Uhr); **Härtsfeldbahnmuseum**, Dischingerstr. 11 (Mai–Okt. 1. So. im Monat 10.00 bis 17.00 Uhr, 1. Mai, Pfingsten, Himmelfahrt).

Aktivitäten: Frei- u. Hallenbad, Wassersport am Härtsfeldsee, Angeln, Reiten, Segelfliegen, Tennis, Golf; Winter Lifte u. Loipen; Museumsbahn (Schmalspur).

Markt u. Veranstaltungen: Stadtfest (Juni); in Dischingen **Maimarkt**; in Dunstelkingen (8 km südl.) **Bierbrunnenfest** (Aug.); in Frickingen Sichelhenke, Erntefest (Sept.).

ⓘ Tourist-Info, Hauptstr. 21, 73450 Neresheim, Tel. 07326/8149, Fax 8146, tourist@neresheim.de, www.neresheim.de.

Heidenheim an der Brenz 5

Kulturelles und wirtschaftliches Zentrum der Ostalb (478–645 m, 52 000 Einw.).

Schloss Hellenstein (um 1600) geht auf eine Burg (12. Jh.) der Stauferzeit zurück.

Museen: Museum im Schloss Hellenstein (15. März–15. Nov. Di.–Sa. 10.00–12.00, 14.00 bis 17.00, So. u. Fei. 10.00–17.00 Uhr); **Museum für Kutschen, Chaisen und Karren** (15. März–15. Nov. Di.–Sa. 10.00–12.00, 14.00 bis 17.00, So. u. Fei. 10.00–17.00 Uhr); **Kunstmuseum/Hermann Voith Galerie**, Marienstr. 4 (Di.–Fr. 10.00–12.00 u. 14.00–17.00, Do. bis 19.00, Sa., So. 11.00–17.00 Uhr); **Museum im Römerbad** (15. März–15. Nov. Do. 10.00–12.00, 14.00–17.00, So. u. Fei. 10.00 bis 17.00 Uhr).

Aktivitäten: Waldfreibad, Hallenbad, Angeln, Tennis, Squash, Fechten, Reiten, Wandern, Mountainbike-Parcour, Drachen- u. Segelfliegen, Flusswandern auf der Brenz; Lifte u. Loipen; Freizeitpark Schloss Hellenstein.

Markt u. Veranstaltungen: Volksfest (Juni) mit **Schäferlauf** (2-jährl., nächster 2006); **Naturtheater** (Juni–Aug.); **Opernfestspiele** auf Schloss Hellenstein (Juli).

ⓘ Tourist-Info, Hauptstr. 34, 89522 Heidenheim, Tel. 07321/32 73 40, Fax 32 76 87, tourist-information@heidenheim.de, www.heidenheim.de.

Giengen an der Brenz 6

In der Ostalbstadt (464 m, 20 100 Einw.) begann M. Steiff 1880 die Herstellung von Plüschtieren.

Sehenswert: Stadtkirche (Wiederaufbau 1650 bis 1655) mit ›Großem Brandbild‹ (1663); Tropfstein-Schauhöhle **Charlottenhöhle**.

Museen: ›Die Welt von Steiff‹, Richard-Steiff-Str. 4 (Museum und Werksverkauf, April bis Okt. tgl. außer Fei. 10.00–20.00, Nov.–März nur bis 18.00 Uhr).

Aktivitäten: Freibad, Squash, Reiten, Tennis, Modellflug; Winter Loipen.

Veranstaltungen: Kinderfest (Pfingst-Di.); **Steiff-Festival** (Ende Juni); **Stadtfest** (Juli/ Aug.).

ⓘ Tourist-Info, Marktstraße 9, 89537 Giengen, Tel. 07322/95 22 92, Fax 95 22 64, tourist-info@giengen.de, www.giengen.de.

Eine eigene Reise wert: Abtei Wiblingen

Auskunft

Internet: www.tourismus-baden-wuerttemberg.de, www.schwaebischealb.de.

Adressen: Tourismus-Marketing GmbH Baden-Württemberg e.V., Postfach 102951, 70025 Stuttgart, Tel. 0711/238580, Fax 2385898, info@tourismus-baden-wuerttemberg.de; Heilbäder u. Kurorte Marketing Baden-Württemberg GmbH, Esslinger Str. 8, 70182 Stuttgart, Tel. 0711/8924800, Fax 89248020, info@heilbaeder-bw.de, www.heilbaeder-bw.de; Schwäbische Alb Tourismusverband, Marktplatz 1, 72574 Bad Urach, Tel. 07125/9481-06, Fax 9481-08, info@schwaebischealb.de; Schwäbischer Albverein, Hauptgeschäftsstelle, Hospitalstr. 21B, 70174 Stuttgart, Tel. 0711/225850, Fax 2258593; Alb Donau Kreis Tourismus, Schillerstraße 30, 89070 Ulm, Tel. 0731/185 1238, Fax 185 1304, www.alb-donau-kreis.de.

Cafés (eine Auswahl)

Früholz Konditorei-Café, Sonnenstr. 46, 72458 Albstadt-Ebingen, Tel. 07431/2698, Fax 58453, Ruhetag Mo.

Café Bosch, Karlstr. 46, 89143 Blaubeuren, Tel. 07344/6580, Terrasse.

Café-Restaurant Buck, Neue Straße 5, 72574 Bad Urach, Tel. 07125/94940, Terrasse.

Café Charlott, Oberstadtstr. 44, 72401 Haigerloch, Tel. 07474/2568, Fax 2533, Mo.–So. 11.00 bis 24.00 Uhr.

Café Sommer, Wilhelmstr. 100, 72764 Reutlingen, Tel. 07121/300380, Terrasse.

Tröglen, Münsterplatz 5, 89073 Ulm, Tel. 0731/66294, Fax 610559, Terrasse, 8.30–18.30, Sa. 8.00–17.30, So. 10.00–18.30 Uhr.

Essen und Trinken

Die schwäbische Küche ist solide und nahrhaft, manchmal auch etwas derb. Basis sind Spätzle. Der Teig aus Mehl, Wasser, Salz, Eiern wird vom Spätzlesbrett mit einem Messer in kochendes Wasser geschabt, wo sie zu kurzen wurmartigen Gebilden aufquellen. Echte handgeschabte Spätzle haben eine unregelmäßige, maschinell hergestellte eine gleichmäßige Form.

Gerichte: Zu den Spätzle passt Zwiebelrostbraten, ein kräftiger Rinderbraten mit viel gebräunten Zwiebeln drauf, Kalbsbraten mit feinem Rahmsößle oder Linsen mit Rauchfleisch und Saiten, den Wienern verwandten Würstchen.

Mit Kartoffelschnitz, gewürfelter Ochsenbrust und gerösteten Zwiebeln schwimmen Spätzle im Eintopf Gaisburger Marsch.

Typisch sind auch Maultaschen, gefüllte Teigtaschen, in Fleischbrühe gekocht oder gebacken, dabei in der Regel mit Ei überzogen. Die Füllung besteht z.B. aus Bratwurstbrät, Schinken, Fleisch, Speck, Spinat, Zwiebeln, Eiern, Petersilie, Muskat und Majoran.

Beliebt sind zudem Dampfnudeln (Klöße aus Hefeteig) mit Backobst, Ofenschlupfer (aus Weißbrot, Äpfeln, Eiern und Rosinen) und vor allem Suppen: Fleischbrühe bildet den Fond für die Flädlesuppe (dünne Streifen aus Eierkuchen), Riebelessuppe (eingeriebener Nudelteig), Einlaufsuppe (geschlagenes Ei), Nudelsuppe, Leberknödelsuppe. Eine Ulmer Besonderheit ist Suppe mit Mutschelmehlklößchen.

Die Kartoffel heißt hier Grombira (Grundbirne) oder Ebira (Erdbirne). Zu Bratkartoffeln isst man gerne Niernle (Nieren) oder Leberle, sauer oder geröstet, mit feiner Soße. Der schwäbische Kartoffelsalat ist mit Essig, Zwiebeln, Salz, Pfeffer gewürzt und wird mit Fleischbrühe abgeschmeckt.

Zur Vesper, der Zwischenmahlzeit am Morgen oder Nachmittag, bevorzugt man Wurst am Stück, Schwartemagen, Presswurst, Schinken- oder Leberwurst, ein gekochtes, leicht angerauchtes Ripple oder Kräuterkäs mit einem Stück Brot ohne Butter.

Im Herbst, zum jungen Wein, schmeckt besonders gut warmer Zwiebelkuchen. Nicht zu vergessen die Laugenbrezel, die ein Uracher Bäcker im 13. Jahrhundert erfunden haben soll. Sie begleitet den Schwaben ein Leben lang.

Getränke: Man trinkt ein Viertele (Wein) oder eine Halbe (Bier), hin und wieder Hochprozentiges aus Kirschen, Zwetschgen, Mirabellen oder Himbeeren. Das typische Getränk der Alb jedoch ist der Most, vergorener Saft aus Birnen und Äpfeln.

Feste und Bräuche

Fischerstechen auf der Donau in Ulm.

Höhlenfeste sind eine besondere Form der Heimatfeste auf der Alb.

Kirchweih (Kirbe), Krämermärkte und Messen haben eine lange Tradition in Bopfingen, Wiesensteig, Hirrlingen und anderswo.

Palmprozessionen (Palmsonntag) z. B. in Riedlingen.

Pferdemärkte wie zum Beispiel in Ellwangen und Geislingen dienen weniger dem Handel denn der Pferdeschau mit Prämierung, Festzug, Volksfest etc.

Schäferlauf in Bad Urach und Heidenheim.

Schwäbisch-alemannische Fastnacht vom Schmutzigen Donnerstag bis Aschermittwoch. Am Sonntag nach Fastnacht (Funkensonntag) brennen mancherorts die ›Funken‹, hohe Holz- und Reisighaufen.

Weihnachtsmarkt fast in jeder Stadt, u. a. in Ulm, Heidenheim, Kirchheim unter Teck, Göppingen, Tübingen.

Wein- und Winzerfeste in Metzingen bei den historischen Keltern, in Neuffen in den Gewölbekellern.

Hotels (eine Auswahl)

Von Varta-Experten geprüft; weitere Adressen im Varta-Führer (im Buchhandel erhältlich).

Preise:

€€€€	Doppelzimmer	über 200 €
€€€	Doppelzimmer	bis 200 €
€€	Doppelzimmer	bis 150 €
€	Doppelzimmer	bis 100 €

Erholsam und ruhig gelegen

€€ **Ramada-Treff Hotel Limes Thermen**, Osterbucher Platz 1, 73431 Aalen, Tel. 07361/9440, Fax 944550, 146 Zimmer, Restaurant, Reitmöglichkeit, Beautyfarm, Fitnessraum, Solarium, Sauna, Hunde erlaubt, direkter Zugang zum Kur- und Badebetrieb ›Limes Thermen‹.

€ **Zum Süßen Grund**, Bitzer Berg 1, 72458 Albstadt, Tel. 07431/1366-0, Fax 1366-66, 11 Zimmer, Restaurant.

€ **Badhotel Stauferland**, Gruibinger Str. 32, 73087 Bad Boll, Tel. 07164/801680, Fax 4146, 42 Zimmer, Restaurant, Whirlpool, Solarium, Sauna, Hallenbad.

€€ **Kurhotel Sanct Bernhard**, Sonnenbühl 1, 73342 Bad Ditzenbach, Tel. 07334/96410, Fax 964141, 25 Zimmer, Café, Fitnessraum, Solarium.

€€ **Schloss Haigerloch**, Schlossstr. 3, 72401 Haigerloch, Tel. 07474/6930, Fax 69382,

30 Zimmer, Restaurant (10 Tage im Januar geschlossen), Hunde erlaubt.

€€ **Stausee-Hotel,** Unterer Hof 3, 72555 Metzingen, Tel. 07123/92360, Fax 923663, 20 Zimmer, Restaurant, Kegelbahn, Wohnmobil-Übernachtung auf dem Parkplatz und Hunde erlaubt.

€€€ **Burg Staufeneck,** 73084 Salach (außerhalb), Tel. 071692/933440, Fax 9334455, 33 Zimmer, Restaurant, Sauna, Dampfbad, Hunde erlaubt, Reitmöglichkeit.

Wohnen auf hohem Niveau

€€ **Bad-Hotel mit Gästehäusern,** Otto-Neidhart-Platz 1, 73337 Bad Überkingen, Tel. 07331/3020, Fax 30220, 51 Zimmer, Restaurant, Golfplatz, Freibad, Hunde erlaubt.

€€ **Burghotel,** Burggasse 41, 73312 Geislingen an der Steige-Weiler ob Helfenstein, Tel. 07331/93260, Fax 932636, 23 Zimmer, 18 Loch-Golfplatz, Fitnessraum, Sauna, Hallenbad.

€€ **Best Western Am Schlossberg,** Europastraße, 72622 Nürtingen, Tel. 07022/7040, Fax 704343, 163 Zimmer, Restaurant, 2 Kegel/Bowlingbahnen, Fahrradverleih, Sauna, Solarium, Dampfbad, Whirlpool.

€€€ – €€€€ **Maritim,** Basteistr. 40, Am Kongresszentrum, 89073 Ulm, Tel. 0731/9230, Fax 92310 00, 276 Zimmer, Restaurant, Fahrradverleih, Fitnessraum, Solarium, Sauna, Hallenbad, Dampfbad.

Hier wird Sport groß geschrieben

€€ **Adler,** Deutschordenstr. 8, 73432 Aalen-Waldhausen, Tel. 07367/9500, Fax 950400, 32 Zimmer, Restaurant, 18-Loch-Golfplatz, Solarium, Sauna, Hallenbad, 3 Tennisplätze, Radverleih, Reitmöglichkeit, Hunde erlaubt.

€€€ **Seminaris,** Michael-Hörauf-Weg 2, 73087 Bad Boll, Tel. 07164/8050, Fax 12886, 146 Zimmer, Restaurant, Reitmöglichkeit, 2 Kegelbahnen, Sauna, Hallenbad.

€€€ **Parkhotel Waldeck Schrenk,** Waldstr. 18, 78073 Bad Dürrheim, Tel. 07726/663100, Fax 8001, 36 Zimmer, Restaurant, Fahrradverleih, Beautyfarm, Fitnessraum, Solarium, Sauna, Hallenbad, Bäder- und Thermalanwendungen.

€€€ **Fürstenhof,** Kaiserpassage 5, 72764 Reutlingen, Tel. 07121/3180, Fax 318318, 50 Zimmer, Restaurant, Hotelbar, Fahrradverleih, 4 Kegelbahnen, Dampfbad, Solarium, Sauna, Hallenbad.

€ **Flair Hotel Rössle,** Marktstr. 48, 72818 Trochtelfingen, Tel. 07124/9250, Fax 925200, 28 Zimmer, Restaurant, Reitmöglichkeit, Solarium, Sauna, Hallenbad.

Preiswert und empfehlenswert

€ **Buck,** Neue Str. 5, 72574 Bad Urach, Tel. 07125/94940, Fax 949494, 23 Zimmer, Restaurant, Hunde erlaubt.

€€ **Rößle,** Uracher Str. 30–32, 72581 Dettingen a.d. Erms, Tel. 07123/97800, 978010, 23 Zimmer, Restaurant, Hunde erlaubt.

€€ **Gasthof Hirsch Flair Hotel,** Wannenweg 2, 72534 Hayingen-Indelhausen, Tel. 07386/97780, Fax 977899, 30 Zimmer, Restaurant (Ruhetag Mo.), Fahrradverleih, Reitmöglichkeit.

€€ **Zur Post,** Langestraße 60, 89150 Laichingen-Feldstetten, Tel. 07333/9635-0, Fax 9635-20, 42 Zimmer, Restaurant, Fahrradverleih, Dampfbad, Solarium, Sauna, Hunde erlaubt.

€€ **Adler,** Heerstr. 26, 72805 Lichtenstein (Württ)-Honau, Tel. 07129/4041, Fax 60220, 60 Zimmer, Restaurant, Reitmöglichkeit, Fitnessraum, Solarium, Sauna, 2 Kegelbahnen.

€€ **Sonnenkeller,** Leipheimer Str. 97, 89233 Neu-Ulm-Pfuhl, Tel. 0731/71770, Fax 717760, 41 Zimmer, Restaurant, Hunde erlaubt.

€€ **Albhotel Bauder** mit **Gasthof Grüner Baum,** Albstr. 4–6, 72813 St. Johann-Lonsingen, Tel. 07122/170, Fax 17217, 63 Zimmer, Restaurant, Sauna, Solarium.

Mineral- und Thermalbäder

Aalen (Limes Thermen), Bad Boll (Thermalbad), Bad Ditzenbach (Thermalbad), Bad Imnau (Stahlbad), Bad Niedernau (Mineralbewegungsbäder, Schwimmhalle), Bad Sebastiansweiler (Thermalbad), Bad Überkingen (Thermalbad), Bad Urach (Thermalbad), Beuren (Panorama Therme), Thermalbad TuWass in Tuttlingen.

Museumsbahnen

Hechingen–Münsingen (60 km); Engstingen –Münsingen (20 km, morgens/abends auch von/nach Ulm); Nürtingen–Neuffen (10 km, Mai/ Juni–Sept./Okt. meist Sa./So.); Neresheim/ Sägmühle–Dischingen (8 km); Amstetten–Gerstetten (20 km); Amstetten–Oppingen (6 km).

Naturschutzgebiete

Viele Albgebiete stehen unter Naturschutz. Kernregion des Naturparks Obere Donau ist das Tal der jungen Donau: Kanufahren von Fridingen bis Beuron untersagt, einige Kletterfelsen gesperrt, Naturpark-Express Sigmaringen-Blumberg (1. Mai–16. Okt. Sa./So./Fei.), Tel. 07466/ 92 80 14.

Infos: Haus der Natur Obere Donau, Wolterstr. 16, 88631 Beuron, Tel. 07466/92800 und Stiftung Naturschutzzentrum Schopflocher Alb, Vogelloch 1, 73252 Lenningen-Schopfloch, Tel. 07026/950120, Fax 9501210, info@naturschutzzentrum-schopfloch.de, www.naturschutzzentrum-schopfloch.de.

Restaurants (eine Auswahl)

Von Varta-Experten geprüft; weitere Adressen im Varta-Führer (im Buchhandel erhältlich).

Preise:

€€€€	Hauptspeisen	über 20 €
€€€	Hauptspeisen	15–20 €
€€	Hauptspeisen	10–15 €
€	Hauptspeisen	5–10 €

Speisen auf hohem Niveau

€€€ – €€€€ **Krone,** Brunnenweg 40, 72658 Bempflingen (nördl. von Metzingen), Tel. 07123/31083, Fax 35985, Terrasse, Ruhetage Mo., So. u. Fei.

€€€ – €€€€ **Gasthaus Schwanen,** Marktplatz 5, 72401 Haigerloch, Tel. 07474/ 95460, Fax 954610, Terrasse, Ruhetage Mo., Di.

€€€€ **Ernst Karl im Hotel Schassberger,** Winnender Str. 10, 73667 Kaisersbach-Ebnisee, Tel. 07184/2920, Fax 292204, Terasse, Ruhetage Mo., Di., Mi.

€€€€ **Burgrestaurant Staufeneck,** 73084 Salach, Tel. 07162/933440, Fax 9334455, Terrasse, Ruhetag Mo.

€€€ – €€€€ **Hirsch,** Im Dorf 12, 72820 Sonnenbühl-Erpfingen, Tel. 07128/92910, Fax 3121, Gartenlokal, Terrasse, Ruhetag Di.

Hier stimmt alles

€€ – €€€€ **Burgstüble,** Dorfstr. 12, 73312 Geislingen an der Steige-Weiler ob

Naturpark: Donau bei Schloss Werenwag

Einsame Wanderfreuden im wunderschönen Naturschutzgebiet Zwing bei Neresheim

Helfenstein, Tel. 07331/42162, Fax 941751, Gartenlokal, nur abends, Ruhetag So.

€€ – €€€€ **Kupferpfanne**, Schadenweilerstr. 41, 72379 Hechingen, Tel. 07471/5400, Fax 15858, Terrasse, Ruhetag Do.

€€ – €€€€ **Stumpenhof**, Stumpenhof 1, 73207 Plochingen-Stumpenhof, Tel. 07153/22425, Fax 76375, Terrasse, Ruhetage Mo., Di.

Regionale und preiswerte Speisen

€€ – €€€ **Zum Stern**, Otto-Neidhart-Platz 4, 73337 Bad Überkingen, Tel. 07331/63900, Fax 65310, Biergarten, Ruhetag Do.

€ – €€€ **Zum Hirsch**, Osterstr. 3, 89584 Ehingen-Kirchen, Tel. 07393/95010, Fax 4101, Terrasse, Ruhetag Mo.

€ – €€€ **Restaurant im Stadthotel Waldhorn**, Marktplatz 8, 73230 Kirchheim unter Teck, Tel. 07021/92240, Fax 922450.

€€ – €€€ **Gasthof Herrmann**, Am Marktplatz, 72525 Münsingen, Tel. 07381/18260, Fax 6282, Terrasse.

€€ – €€€ **Zunfthaus der Schifferleute**, Fischergasse 31, 89073 Ulm, Tel. 0731/64411, Fax 64439, originelle Einrichtung, Terrasse.

€€ **Zur Post**, Hauptstr. 44, 88529 Zwiefalten, Tel. 07373/302, Fax 920760, Terrasse, Ruhetag Di.

Sport

Angeln: Die Albgewässer sind beste Reviere. Infos: Verkehrsämter oder Rathäuser.

Baden: Erlebnisbäder in Adelberg, Albstadt-Ebingen, Bad Dürrheim, Bad Urach, Blaustein, Ehingen/Donau, Ellwangen, Heidenheim/Brenz, Oberkochen, Neu-Ulm, Tuttlingen. Schöne Badeseen sind: Ellwanger Seenland, Schiefersee bei Balingen, Baggersee bei Ehingen, Stauseen bei Metzingen und Meßstetten, Schömberg, Rainau-Buch.

Bobfahren: Stahlbahnen (500 m) in Sonnenbühl-Erpfingen und Westerheim.

Bootwandern: Auf der Donau und streckenweise mehreren ihrer Nebenflüsse wie Lauchert, Brenz, Große Lauter, Iller.

Drachenfliegen: Beste Möglichkeiten. Infos: Drachenfliegerverein ›Wolkenkratzer‹, Trochtelfingen-Hausen, Tel. 07124/627; Drachenfliegerverein Pfullingen, Tel. 07121/77443, Landrats- und Bürgermeisterämter.

Golf: Bad Überkingen, Donaueschingen, Hechingen, Kirchheim/Teck, Lorch, Neresheim-Dischingen, Rottenburg, Sigmaringen, Sonnenbühl-Undingen, Ulm/Neu-Ulm.

Klettern: Zahlreiche Alb-Felsen sind zum Klettern freigegeben. Infos: Landrats- und Bürgermeisterämter.

Radfahren: Engmaschiges Netz markierter Radwege durch das ganze Gebiet. Radwanderkarten beim Tourismusverband Bad Urach (siehe Adressen). Eine der schönsten Routen: Alb-Donau-Weg im Flusstal. 320 km lange Mountainbike-Strecke von Tuttlingen nach Aalen.

Reiten: Auf dem Haupt- und Landgestüt Marbach und andernorts Infos: Schwäbische Alb Tourismusverband in Bad Urach (siehe Adressen).

Segelfliegen: 50 Start- und Landeplätze.

Wandern: Rund 14000 km Wanderwege; Wanderführer beim Schwäbischen Albverein (s. Adressen). ›Wandern ohne Gepäck‹ bieten die Verkehrsämter an.

Wassersport: Schwimmen, Segeln, Surfen am Härtsfeldsee (11,5 ha) bei Dischingen und Itzelberger See (13,6 ha) bei Königsbronn; Surfen exklusiv auf einem der Schwarzachtalseen bei Ertingen (18 ha; 6 km südl. von Riedlingen), den Baggerseen bei Ulm und den Ziefinger Seen.

Wintersport: Abfahrten (über 120 Liftanlagen), zum Teil mit Flutlicht, und Loipen (insgesamt 1700 km), teils beleuchtet, vor allem im Gebiet Beuren–Wiesensteig–Westerheim–Sonnenbühl–St. Johann und Schwenningen–Wehingen–Gosheim sowie auf der Ostalb um Heidenheim–Gerstetten–Böhmenkirch–Essingen–Lauterburg.

Auch die Baar im Westen bei Donaueschingen und Bad Dürrheim zieht Langlauffreunde immer wieder gerne an.

Touristische Straßen

Schwäbische Albstraße (Symbol: weiße Silberdistel auf grünem Grund) durch die Alb (220 km).

Straße der Staufer (weißer Wappenlöwe und weiße Krone auf braunem Grund), berührt nahezu alle bedeutenden Punkte zur Geschichte und Kultur der Staufer (300 km).

Hohenzollernstraße (schwarz-weiß gevierter Wappenschild mit stilisierter Burg auf braunem Grund) durch die einstigen hohenzollerischen Lande (230 km).

Oberschwäbische Barockstraße (gelber Puttenkopf auf grünem Grund), berührt auf der Alb Ulm, Blaustein, Blaubeuren, Schelklingen, Ehingen und Zwiefalten.

Schwäbische Dichterstraße (braunes Tintenfass mit Feder auf weißem Grund), quert die Alb von Esslingen über Nürtingen, Bad Urach, Tübingen, Reutlingen, Lichtenstein und Münsingen bis Ehingen; Abzweig über Lorch und Schwäbisch Gmünd nach Aalen.

Deutsche Limes-Straße (brauner Wachturm auf weißem Grund), folgt am Albrand dem rätischen Limes von Lorch bis Tannhausen.

Etappe der Deutschen Uhrenstraße (stilisierte Uhr auf braunem Grund) von Villingen-Schwenningen über Trossingen und Gosheim nach Rottweil.

Römerstraße Neckar-Alb (schwarze Säule auf weißem Grund), ca. 100 km lang, von Burladingen über das antike Sumelocenna /Rottenburg a. N.) und Nürtingen nach Köngen (Kastell u. Vicus).

Wetterdaten

Hechingen	Tagestemp.	Nachttemp.	Tage mit Niederschlag	Sonnenstunden pro Tag
Januar	3°	−4°	10	3
Februar	5°	−3°	10	3
März	9°	−1°	10	4
April	13°	3°	11	5
Mai	17°	6°	12	6
Juni	21°	10°	13	7
Juli	23°	11°	11	8
August	15°	8°	13	7
September	19°	8°	9	6
Oktober	14°	4°	9	5
November	8°	0°	10	3
Dezember	4°	−3°	10	2

Durchschnittswerte — Quelle: Deutscher Wetterdienst, Hamburg

Register

Fette Ziffern verweisen auf Abbildungen.

Impressum

2. aktualisierte Aufl. 2006
Verlag: HB Verlag, Marco-Polo-Zentrum, 73760 Ostfildern, Postfach 3151, 73751 Ostfildern, Tel. 0711/4502-0, Fax 0711/4502-135, www.hb-verlag.de, info@bildatlas.de
Geschäftsführer: Dr. Thomas Brinkmann, Dr. Stephanie Mair-Huydts

Chefredaktion und Programmleitung: Rainer Eisenschmid, Birgit Borowski
Redaktion, dtp: Robert Fischer (www.vrb-muenchen.de)
Text: Anita Rolf
Exklusiv-Fotografie: Kai-Ulrich Müller. Die Reproduktion der Abbildungen S. 16/17, 56 Mitte rechts, 58 unten, 66/67, 68 oben, unten links u. Mitte rechts, 72 Mitte u. unten rechts, 82 oben u. unten links, 101 oben u. Mitte erfolgte mit freundlicher Unterstützung der Staatlichen Schlösser und Gärten Baden-Württemberg; weitere Reproduktionserlaubnisse erteilten Deutsches Brotmuseum Ulm (S. 78 unten rechts), Ulmer Museum (S. 80 unten rechts), Stadt Giengen a.d. Brenz (S. 98 oben links), Stadtkirche Bopfingen (S. 100 unten links)
Zusätzliches Bildmaterial: S. 18/19 Huber/Stadler
Titelbild: JFA-Bilderteam/SIV (Burg Hohenzollern)
Grafische Konzeption: CYCLUS · Visuelle Kommunikation, Stuttgart
Layout: Rolf Bünermann, Gütersloh
Kartografie: © MAIRDUMONT GmbH & Co. KG, Ostfildern
HB Bildatlas Fotoservice: HB Verlag, Marco-Polo-Zentrum, 73760 Ostfildern, Tel. 0711/4502-266, Fax 0711/4502-1006, a.nebel@mairdumont.com

Anzeigenalleinverkauf: KV Kommunalverlag GmbH & Co. KG, MediaCenterMünchen, Postfach 810565, 81905 München, Tel. 089/928096-44/-52, Fax 089/928096-62, kramer@kommunal-verlag.de, www.mediacentermuenchen.de
Vertrieb Zeitschriftenhandel: Partner Pressevertrieb GmbH, Postfach 810420, 70521 Stuttgart, Tel. 0711/7252-227, Fax 0711/7252-310
Vertrieb Abonnement: Zenit Pressevertrieb GmbH, Postfach 810640, 70523 Stuttgart, Tel. 0711/7252-265, Fax 0711/7252-333, hbverlag@zenit-presse.de
Vertrieb Buchhandel und Einzelhefte: MAIRDUMONT GmbH & Co. KG, Marco-Polo-Zentrum, 73760 Ostfildern, Tel. 0711/4502-0, Fax 0711/4502-340
Reproduktionen: Otterbach Medien KG GmbH & Co., Rastatt
Druck und buchbinderische Verarbeitung: Echter Druck GmbH, Würzburg. Printed in Germany

Zeichenerklärung

Lieferbare Ausgaben

HB Bildatlas

Deutschland

227 Allgäu
198 Altmühltal
204 Bayerischer Wald
235 Berlin
235 Berlin (englische Ausgabe)
289 Bodensee
111 Brandenburg
178 Chiemgau · Berchtesgadener Land
274 Dresden · Sächsische Schweiz
256 Eifel · Aachen
260 Elbe und Weser · Bremen
171 Erzgebirge · Vogtland · Chemnitz
190 Fichtelgebirge · Frankenwald · Coburger Land
242 Frankfurt · Taunus · Rheingau
269 Fränkische Schweiz
253 Hamburg
253 Hamburg (englische Ausgabe)
73 Hannover · Braunschweiger Land
263 Harz
188 Hessisches Bergland
234 Hunsrück · Naheland · Rheinhessen
233 Leipzig · Halle · Magdeburg
209 Lüneburger Heide
285 Mainfranken
179 Mecklenburgische Seen
240 Mecklenburg-Vorpommern
151 Mittelfranken
249 Mosel
165 München
255 Münsterland · Münster
281 Nordseeküste Schleswig-Holstein
196 Oberbayern zwischen Lech und Inn
271 Odenwald · Bergstraße
219 Osnabrücker Land · Emsland · Oldenburger Münsterland · Grafschaft Bentheim
155 Ostbayern zwischen Donau und Inn
211 Ostfriesland · Oldenburger Land
168 Ostseeküste Mecklenburg-Vorpommern
277 Ostseeküste Schleswig-Holstein
215 Pfalz
194 Potsdam · Havelland
243 Rhein zwischen Köln und Mainz
288 Rhön
208 Rügen · Usedom · Hiddensee
161 Saarland
258 Sachsen
286 Sachsen-Anhalt
268 Sauerland
200 Schwäbische Alb
266 Schwarzwald · Norden
214 Spreewald · Lausitz
247 Südlicher Schwarzwald
224 Sylt · Amrum · Föhr
182 Tauber und Neckar · Stuttgart · Heilbronn · Rothenburg
173 Teutoburger Wald · Ostwestfalen
261 Thüringen
141 Thüringer Wald
202 Trier
237 Weserbergland

Benelux

246 Amsterdam
187 Flandern · Brüssel
62 Luxemburg
275 Niederlande

Frankreich

160 Atlantikküste
278 Bretagne
217 Burgund
225 Côte d'Azur · Monaco
222 Elsass
221 Korsika
132 Normandie
229 Paris
192 Provence
184 Südfrankreich · Languedoc-Roussillon

Griechenland

193 Athen · Peloponnes
140 Griechische Inseln: Kykladen
189 Korfu · Ionische Inseln
228 Kreta
104 Rhodos · Dodekanes
166 Zypern

Grossbritannien · Irland

158 Irland
197 Kanalinseln
175 London
231 Nordengland
144 Schottland
241 Südengland
216 Wales

Italien · Malta · Kroatien

195 Adriaküste · Emilia-Romagna
239 Gardasee · Trentino
156 Golf von Neapel · Kampanien
265 Italienische Riviera
282 Italien · Norden
238 Kroatische Adriaküste
254 Malta
210 Mittelitalien: Marken · Umbrien · Abruzzen
270 Oberitalienische Seen · Mailand
230 Piemont · Aostatal
226 Rom
264 Sardinien
232 Sizilien
201 Süditalien: Apulien · Basilikata
207 Südtirol
267 Toskana
181 Venedig · Venetien · Friaul · Triest

Mittel- und Osteuropa

164 Böhmen
280 Bulgarien
283 Danzig · Ostsee · Masuren
248 Prag
152 St. Petersburg
244 Südpolen · Breslau · Krakau

Österreich

162 Burgenland
170 Kärnten
199 Niederösterreich · Wachau
218 Oberösterreich
220 Salzburger Land · Salzkammergut · Salzburg
174 Tirol
206 Wien

Schweiz

154 Basel · Bern · Aargau · Solothurn
172 Tessin
191 Westschweiz

Spanien · Portugal

236 Algarve · Lissabon
223 Andalusien
287 Barcelona
150 Costa Blanca
262 Costa Brava
176 Gran Canaria · Fuerteventura · Lanzarote
213 Ibiza · Formentera · Menorca
259 Kanarische Inseln
245 Lanzarote
212 Mallorca
203 Nordportugal
205 Nordspanien
177 Teneriffa · La Palma · Gomera · Hierro

Skandinavien

183 Bornholm
279 Dänemark
186 Jütland
180 Nordnorwegen
276 Norwegen · Süden
169 Südfinnland · Helsinki
250 Südschweden · Stockholm

Türkei

252 Türkische Mittelmeerküste

Außereuropäische Ziele

273 Australien Osten · Sydney
284 China
251 Kanadas Westen
272 New York
257 Südafrika

HB Bildatlas Special

Afrika · Naher Osten

67 Ägypten
64 Arabien: V. A. Emirate · Oman · Kuwait · Qatar · Bahrain
52 Indischer Ozean: Madagaskar · Mauritius · La Réunion · Seychellen · Komoren
72 Marokko
61 Namibia
71 Tunesien · Libyen

Australien · Ozeanien

45 Australien: Westen
18 Neuseeland
38 Südsee

Europa

54 Madeira · Azoren · Kapverden

Süd- und Südostasien · Ferner Osten

12 Bali · Lombok · Java
10 Hongkong
53 Indien: Rajasthan · Delhi · Agra
39 Indien: Südindien
43 Peking
69 Philippinen
34 Sri Lanka und Malediven
49 Südkorea
70 Thailand
36 Vietnam

Süd- und Mittelamerika · Karibik

44 Argentinien
57 Chile
55 Dominikanische Republik · Haiti
63 Ecuador und Galápagos-Inseln
60 Jamaika
65 Kleine Antillen: Antigua · Guadeloupe · Martinique · Barbados u. a.
33 Kuba
73 Mexiko
51 Peru

USA · Kanada

58 Alaska
62 Florida
2 Kalifornien
32 Kanadas Osten
68 Las Vegas · Grand Canyon
46 Neuengland · Boston
56 Nordwesten: Washington · Oregon
66 Route 66
26 Südwesten: Nevada · Utah · Arizona · New Mexico
59 Texas

HB Bildatlas Sonderausgaben

24 Ski-Special Alpen 2006
25 Alpen Special 2006

Überall im Pressefachhandel, Buchhandel und Bahnhofsbuchhandel erhältlich oder zu bestellen unter
Telefon 0711/4502-0,
Fax 0711/4502-340

PRESSE
PRESSE & BUCH IM BAHNHOF